EXAMEN CRITIQUE

DES

PROJETS DE LOIS

PARIS. — ÉDOUARD BLOT ET FILS AÎNÉ, IMPRIMEURS, 7, RUE BLEUE.

EXAMEN CRITIQUE

DES

PROJETS DE LOIS

1° SUR LES POUVOIRS PUBLICS;

2° SUR LES ÉLECTIONS;

PRÉSENTÉS A L'ASSEMBLÉE PAR LE MINISTÈRE DE M. THIERS

PRÉCÉDÉ D'UNE LETTRE A M. THIERS SUR LA FUSION

PAR

FÉLIX LEGRAS

AVOCAT, DOCTEUR EN DROIT

PARIS

IMPRIMERIE ÉDOUARD BLOT ET FILS AINÉ

7, RUE BLEUE, 7

1873

A M. THIERS

DÉPUTÉ DE LA SEINE

Monsieur le Député,

Si l'Élu de vingt-six départements, porté à l'Assemblée nationale par le suffrage de deux millions d'électeurs, si le libérateur du territoire était encore Président de la République, il est plus que probable que ce modeste travail ne lui aurait pas été dédié : car, par le temps d'indépendance qui court, ces dédicaces masquent plus ou moins une supplique ; et je n'avais rien à lui demander. Mais depuis le jour où les manœuvres des partis monarchiques coalisés l'ont amené à se démettre avant l'heure des fonctions où la confiance du pays l'avait appelé, la position est devenue bien différente. J'ai considéré comme un devoir pour tous, Monsieur le Député, d'unir leurs efforts aux vôtres, de se serrer autour de vous pour vous aider dans la tâche qui vous restait à remplir et pour prouver à vos adversaires que, s'ils avaient réussi à escalader le Pouvoir dans cette journée du 24 mai, que l'histoire appellera « La nouvelle Journée des Dupes, » ils ne vous isoleraient pas de vos électeurs, bien décidés à concourir avec vous à la consolidation de la République par l'amélioration des lois qui doivent en assurer le fonctionnement ; lois dont l'Assemblée nationale elle-même a ordonné la préparation par la loi du 13 mars dernier, et dont votre collaborateur le plus autorisé, M. Dufaure, lui avait apporté les projets dans les séances des 19 et 20 mai dernier. C'est dans cette pensée que je me suis livré aux recherches dont je viens aujourd'hui vous offrir les résultats.

Mais, vont s'exclamer nos communs adversaires, y pensez-vous ? Consolider la République ! En assurer le bon fonctionnement! Organiser, dans ce but, les Pouvoirs publics? Il ne s'agit plus de tout cela. Sans doute, nous avons rendu, sur l'initiative d'une Commission où nos confidents figuraient dans la proportion de deux contre un, cette loi du 13 mars dernier. Mais vous avez eu le plus grand tort de la prendre au sérieux. Surpris par le Message Présidentiel du 17 novembre, inquiétés par l'accueil favorable qu'il avait reçu de la grande majorité du pays, craignant d'être forcés dans ce Pandemonium que nous avions appelé le pacte de Bordeaux et où chacun de nous s'était réservé le droit d'adorer ses idoles particulières, nous avons imaginé ce que les tacticiens nomment « une fausse sortie. » Nous avons jeté au Pays, à l'opinion publique, au Président lui-même qui ne nous soupçonnait pas de tant de malice, l'appât des projets constitutionnels; mais tandis que tout le monde, trompé par nos airs d'innocence, s'attelait à cette ingrate besogne, nous nous sommes cantonnés de nouveau dans une Commission de permanence. Nous avons même, avec quelques *amis et féaux* du dehors, tenu certains conciliabules auxquels nous avons appelé les Ratons du Bonapartisme, toujours prêts, comme chacun sait, à tirer les marrons du feu. Puis, lorsque tous nos rôles ont été bien appris dans les coulisses, nous sommes rentrés sur le théâtre, où vous avez pu voir l'accueil que nous avons fait à vos Projets de lois; ils n'ont même pas eu les honneurs de la lecture publique. Ce n'était, bien entendu, que le prologue; l'intrigue de la pièce a été nouée le 24 mai, jour où la susceptibilité du Président de la République, adroitement excitée, nous a livré les rênes du Gouvernement et où nous l'avons remplacé par un soldat illustre, aussi étranger à la politique qu'ignorant de nos intrigues et par lequel nous avons fait donner cet excellent « billet à la Châtre, » portant que « rien ne serait changé dans les institutions existantes. » Cependant, à ce moment même, nous chargions cette bombe de LA FUSION qui, en éclatant au mois d'août, vous a déjà tous mis à mal en attendant que le feu d'artifice de la Restauration et l'apothéose de la Légitimité, dénouement de la pièce, achève votre déroute et vous précipite pour jamais dans les dessous du théâtre politique.

Je ne sais, monsieur le Député, si vous croyez au succès de la pièce dont je viens d'esquisser le scenario; mais j'avoue, quant à moi, qu'il me laisse incrédule. Je pense que les auteurs, en la composant, n'ont oublié qu'une chose, le public devant lequel elle devrait être représentée; et que, trompés par le succès de quelques lectures de salon, ils ne se sont pas rendu compte de l'effet qu'elle produirait au feu de la rampe, sous les yeux de plusieurs millions de spectateurs. Pour justifier mon incrédulité, permettez-moi d'examiner avec vous le principal ressort et le nœud de l'intrigue.

Le 5 août dernier, Mgr le comte de Paris a jugé à propos d'aller faire une visite à Mgr le comte de Chambord qui la lui a rendue dans les délais d'étiquette. Que s'est-il passé entr'eux? Nul, dans le public, ne peut se vanter d'en être instruit, puisque, depuis cette date, nous n'avons eu ni écrits ni discours émanés directement de l'un ou de l'autre (1); mais il est évident que leurs entretiens n'ont pu rouler que sur leurs affaires de famille ou les affaires publiques.

Leurs affaires de famille! tout le monde les connaît; car les causes de dissentiment, d'animosité même, entre les deux branches de la maison de Bourbon font partie de l'histoire de France. La ferveur révolutionnaire de

(1) J'ai bien vu, dans les journaux, une lettre adressée par le comte de Chambord, sous la date du 19 septembre, à je ne sais quel député du Midi et dans laquelle, après avoir manifesté une indignation que tout honnête homme approuvera contre ceux qui l'accusent de vouloir ramener les droits féodaux, etc. etc., il termine ainsi :

« Quant à la réconciliation si loyalement accomplie dans la Maison de
» France, dites à ceux qui cherchent à dénaturer ce grand acte que tout
» ce qui a été fait le 5 août a été bien fait, dans l'unique but de rendre
» à la France son rang et dans les plus chers intérêts de sa prospérité, de
» sa gloire et de sa grandeur. »

Mais on conviendra que de pareilles généralités n'offrent rien de précis, qu'elle sont à la portée de tous les Prétendants et que le moindre *grain de mil*, c'est-à-dire la moindre déclaration sur la souveraineté du peuple, le drapeau tricolore, la religion de l'État, le droit de suffrage *ferait bien mieux notre affaire*.

Philippe-Égalité, son vote coupable dans le procès du roi son parent, l'occupation du trône par Louis-Philippe en 1830, au moment même où la branche aînée de sa maison était frappée de déchéance, l'arrestation de la duchesse de Berry à Nantes, la prison de Blaye (avec les complications qu'on n'a point oubliées), la transformation de la veuve du duc de Berry en comtesse Lucchesi Palli; tous ces griefs, bien qu'étrangers aux personnages actuellement vivants avaient creusé entre eux une sorte d'abîme. Que Mgr le comte de Paris, ou en son nom personnel, ou au nom de toute la branche dont il est aujourd'hui le chef, soit allé faire amende honorable, désavouer son bisaïeul et son grand père; et que, par cette démarche chrétienne, il ait réconcilié lui et les siens avec le chef de la branche aînée, la France n'a rien à y voir.

Passons maintenant aux affaires publiques. L'Orléanisme n'a jamais été un principe. En 1830, après la forfaiture du roi Charles X, la violation de la Charte, la déchéance de la branche aînée et son départ pour l'exil, le Duc d'Orléans avait passé, avec les représentants du pays, un certain contrat et accepté certaines conditions moyennant lesquelles il avait été reconnu Roi des Français, pour lui et ses descendants. Mais, dix-huit années plus tard, le contrat a été brisé par la Révolution; le roi Louis-Philippe a pris à son tour le chemin de l'exil; *le droit éventuel de sa descendance au trône des Français s'est trouvé de plein droit résolu;* et tous les princes de la branche cadette sont descendus au rang de simples citoyens. C'est un point qu'ils ont reconnu maintes fois dans des publications connues de tous; c'est en qualité de citoyens qu'ils ont demandé à servir le pays, en 1870, au moment de la guerre; ce sont les droits de citoyens qu'ils ont revendiqués pour rentrer en France en 1871, et c'est en cette qualité qu'ils y ont été accueillis.

Mais, alors, qu'est ce que le comte de Paris, simple citoyen, a pu aller offrir à son cousin, le Prétendant?

Tout simples citoyens qu'ils sont au point de vue de la théorie la plus incontestable, les Princes d'Orléans ne sont pas, en fait, des citoyens comme les autres. Leur père a régné sur les Français pendant dix-huit ans avec le plein consentement de la nation; leur nom personnifie chez nous le gouvernement parlementaire que le Général de la Fayette nous avait présenté en 1830 comme « la meilleure des républiques. » Si certaines démences démagogiques venaient à présenter un caractère trop menaçant, et à déconsidérer définitivement parmi nous la République, il ne serait pas absolument impossible que la France jetât de nouveau les yeux de ce côté; il est même probable qu'elle s'adresserait, ce cas échéant, à la famille d'Orléans et à son chef, plutôt qu'au représentant du droit divin ou du césarisme. Si cette éventualité a été discutée par les interlocuteurs de Froshdorf, elle n'a pu l'être que sous deux aspects opposés !

Ou bien le comte de Paris aura déclaré au comte de Chambord qu'il rejetterait toutes les offres qui pourraient lui être faites, afin de laisser le pays en face de lui, comte de Chambord, chef de la branche aînée et représentant du principe de la Légitimité; ou bien, tout en abdiquant toutes prétentions, au nom de sa branche, il aura stipulé éventuellement, au nom du parti libéral, que le chef de la branche aînée consentirait à devenir lui-même le Souverain Constitutionnel désiré par ce parti.

La première hypothèse est inadmissible, à mes yeux; car elle ne serait pas honorable pour le comte de Paris. Moins qu'un autre citoyen, un prince peut faire litière des principes et des antécédents de sa famille. Celui-ci ne pourrait fouler aux pieds le testament du feu duc d'Orléans, son père, ni trahir la confiance que le pays lui témoignerait en lui offrant la couronne constitutionnelle. D'ailleurs, il est évident que cette trahison demeurerait inutile. Les offres qui auraient pu lui être faites étant conditionnelles, l'inacceptation des conditions en entraînerait de plein droit l'annulation. D'un autre côté, les princes d'Orléans, après plus de vingt ans d'exil, sont devenus presque inconnus de la France. Quelques-uns d'entre eux l'ont servie autrefois avec honneur, mais sans avoir jamais conquis une véritable illustration personnelle. Ils ne valent donc que par leur nom; et leur nom ne vaut que par les idées qui s'y rattachent. S'ils répudiaient ces idées, que leur resterait-il? Abandonnés aussitôt par tout le parti libéral, ils ne seraient plus que les successeurs éventuels du Prétendant, mal accueillis même par les *purs* de la suite de celui-ci.

La seconde hypothèse est plus acceptable. En reculant l'échéance des espérances éventuelles de la branche cadette, elle tendrait à les assurer, puisque le comte de Chambord n'a point d'héritiers directs. Elle semblerait, en outre, désintéresser le pays; car s'il retournait à la monarchie parlementaire, dans laquelle « le roi règne et ne gouverne pas, » la personnalité du titulaire n'offrirait plus qu'un intérêt secondaire. Cette combinaison présenterait même certains avantages : d'une part, la réconciliation des deux branches donnerait, à la chose publique, des garanties sérieuses de tranquillité; d'autre part, l'intérêt bien entendu de la branche cadette qui, placée auprès du trône, voudrait en assurer la reversibilité à son profit, garantirait l'exécution du pacte constitutionnel qui aurait été consenti.

Mais, en admettant que ces questions aient été agitées dans l'entrevue de Froshdorf, le comte de Chambord peut-il faire les concessions et subir les transformations indispensables pour faire de lui un souverain constitutionnel? Je suis convaincu, Monsieur le Député, que le principe duquel il procède, les actes déjà nombreux qui sont émanés de lui et les précédents historiques suffisent pour amener une réponse négative.

En *principe*, point de Légitimité sans un Roi élu de Dieu et sacré par la main des ministres d'une religion d'Etat. De plus, ce Roi élu de Dieu et sacré par la religion d'Etat ne peut fléchir devant l'opinion publique ni humilier sa souveraineté légitime devant la souveraineté du peuple. Comme le disaient les *purs* de la Restauration, « *le Roi ne rend pas son épée.* » Roi, en vertu de son droit antérieur et supérieur, il doit avoir le dernier mot dans tous les cas. C'est pour cela que, suivant l'interprétation donnée par Charles X lui-même à l'époque des fameuses

Ordonnances, l'article 14 de la Charte octroyée en 1814 lui réservait le droit de faire les ordonnances nécessaires pour l'exécution des lois et *la sûreté de l'Etat.*

Le Roi légitime prend, il est vrai, conseil des temps et des circonstances. Mais s'*il consent à poser des bornes à un pouvoir qu'il tient de Dieu et de ses pères; il le fait de lui-même, volontairement et par le libre exercice de son autorité royale.* Il veut bien faire *concession et octroi d'une charte à ses sujets*, mais il se réserve *d'en jurer le maintien devant Celui* qui pèse dans la même balance les rois et les nations. (Préambule de la Charte de 1814.)

Ces principes, M. le comte de Chambord paraît-il disposé à les atténuer, à les sacrifier dans une mesure quelconque aux nécessités du temps présent? En aucune manière. Si on lui conseille d'accepter *le drapeau tricolore*, il s'y refuse obstinément : car ce drapeau est pour lui *le symbole de la Révolution.* « Certains, » dit-il, « tout » en reconnaissant la nécessité d'en revenir à la monar- » chie traditionnelle, veulent au moins conserver le sym- » bole de la Révolution. Croyez-le bien, la France ne » comprend pas le chef de la maison de Bourbon re- » niant l'étendard d'Alger... » (Lettre à Mgr Dupanloup, du 8 février 1873.) « La France m'appellera et je vien- » drai à elle *tout entier*, avec mon dévouement, *mon prin- » cipe et mon drapeau.* A l'occasion de ce drapeau, *on a » parlé de conditions que je ne dois par subir....* Le seul » sacrifice que je ne puisse pas faire (à mon pays) est » celui de mon honneur... Entre les Français et moi, il » ne doit subsister aucune arrière-pensée... *Je ne laisserai pas arracher de mes mains l'étendard d'Henri IV.* Je l'ai reçu *comme un dépôt sacré* du vieux roi, mon aïeul, mourant dans l'exil;... *il a flotté sur mon berceau, je veux qu'il ombrage ma tombe.* Dans les plis glorieux de cet étendard sans tache, je vous apporterai l'ordre et la liberté. Français, *Henri V ne peut abandonner le drapeau d'Henri IV.* (Manifeste du 5 juillet 1871.)

Mais pourquoi donc Mgr le comte de Chambord repousse-t-il ce *symbole de la Révolution*? C'est parce qu'il exècre la Révolution elle-même. « Une *minorité révoltée* en

» a fait le point de départ d'une période de démoralisa-
» tion par le mensonge et de désorganisation par la vio-
» lence. *Ces criminels attentats ont imposé la Révolution à une*
» *nation qui ne demandait que des réformes.* » (Manifeste du 5 juillet 1871.)

Comme on le voit, c'est toujours la même méthode. Louis XVIII, effaçant vingt-sept années de l'histoire de France, datait son règne de la mort de son frère Louis XVI. M. le comte de Chambord sera Roi depuis le jour de l'abdication de son grand-père Charles X et de son oncle le duc d'Angoulême. Car, ainsi qu'il le dit dans sa lettre précitée à Mgr Dupanloup, « mon devoir était de con-
» server dans son intégrité *le principe héréditaire dont j'ai*
» *la garde :* principe en dehors duquel *je ne puis rien,*
» et avec lequel *je peux tout.* »

Quant à la *religion d'État*, relisons d'abord les termes employés dans la lettre du 3 mai 1871 à un membre de l'Assemblée nationale. « Sachons reconnaître que l'aban-
» don des principes est la vraie cause de nos désastres.
» *Une nation chrétienne ne peut pas impunément inscrire en*
» *tête de sa Constitution la négation des droits de Dieu, bannir*
» *toute pensée religieuse de ses codes et de son enseignement*
» *public.* » Mais cela n'est rien auprès de la lettre du 28 juillet 1873, adressée à M. Cazenove de Pradines, après le vote sur la proposition que ce catholique ardent avait cru devoir mettre en avant. Oubliant que l'Assemblée compte dans son sein plusieurs israélites et un assez grand nombre de protestants pour qui le culte du Sacré-Cœur est légèrement idolâtre, il avait demandé qu'une députation de cinquante membres de l'Assemblée assistât à la pose de la première pierre de l'église projetée par Mgr Guibert. Abandonné par la droite elle-même, il fut obligé de retirer sa proposition. Mais M. le comte de Chambord, ancien élève du duc de Rivière et de M. de Damas, coryphées de la Congrégation, de Mgr Tharin, évêque de Strasbourg et jésuite, paraît avoir une dévotion particulière pour le Sacré-Cœur, cette invention de la célèbre Société. Il considère sans doute comme une lâcheté le refus de l'Assemblée, et l'effort de M. de

Pradines comme un acte héroïque ; car il vante « *son*
» *énergique insistance dans la mémorable lutte*, dit-il, *dont*
» *vous êtes sorti, comme à Patay*, le glorieux vaincu. *Je vous*
» *félicite, je vous remercie et je vous embrasse.* »

Arrivons maintenant aux précédents historiques, et reportons-nous au mois d'avril 1814. La guerre venait de renverser Napoléon (1). Le trône était vacant et le Pays administré, sous les yeux des Puissances Alliées, par un gouvernement provisoire nommé par le Sénat et composé de cinq membres (2). Ils avaient été chargés par le Sénat, le jour même de leur nomination (et deux jours après par un message du Corps législatif), de rédiger une Constitution. Cette Constitution, votée par le Sénat le 6 avril et par le Corps législatif le lendemain 7, contenait, notamment, les articles qui suivent :

« ARTICLE PREMIER. Le Gouvernement français est mo-
» narchique et héréditaire de mâle en mâle, par ordre
» de primogéniture.

» ARTICLE 2. Le peuple français *appelle librement au trône*
» *de France* Louis, etc., frère du dernier roi, et, après lui,
» les autres membres de la famille de Bourbon dans
» l'ordre ancien.

» ARTICLE 29 ET DERNIER. La présente Constitution sera
» soumise à l'acceptation du peuple français dans la
» forme qui sera réglée. Louis-Stanislas-Xavier *sera pro-*
» *clamé roi des Français aussitôt qu'il l'aura signée et jurée*
» *par un acte portant :* J'ACCEPTE LA CONSTITUTION, JE JURE
» DE L'OBSERVER ET DE LA FAIRE OBSERVER. Ce serment sera
» réitéré dans la solennité où il recevra le serment de
» fidélité des Français. »

Rien de plus clair assurément que la pensée des rédacteurs. Ce n'était point un plan de Constitution, mais bien une Constitution *définitive*. Elle consacrait le Gouverne-

(1) La déchéance avait été prononcée le 4 avril par un décret du Sénat, revêtu le 9 de l'adhésion du Corps législatif.

(2) L'influence et la notoriété de ces cinq membres étaient incontestables. C'étaient : le prince de Talleyrand, les comtes de Beurnonville et de Jaucourt, le duc de Dalberg et l'abbé de Montesquiou.

ment *contractuel* en appelant *librement* au trône le frère du dernier roi, qui ne serait proclamé qu'après *avoir juré d'observer la Constitution et de la faire observer*. Le nouveau roi remplaçait, sous les mêmes conditions et à la charge de les mieux observer, Napoléon, dont la déchéance venait d'être prononcée pour violation du pacte social (1).

Mais le sénat ayant commis, le 18 avril, l'insigne imprudence de transférer au comte d'Artois le Gouvernement provisoire, sous le titre de lieutenant général du royaume, *En attendant que Louis-Stanislas-Xavier, appelé au trône des Français, ait accepté la Charte constitutionnelle*, les conséquences de cette faute ne tardèrent pas à se manifester. Le soir du même jour, lorsque le Sénat en corps va porter son décret au comte d'Artois, celui-ci déclare « qu'il a pris connaissance de l'acte constitution- » nel qui *rappelle* (2) au trône de France son auguste » frère; qu'il n'a point reçu de lui le pouvoir d'accepter » la Constitution (3), mais qu'il ne craint pas d'être dés- » avoué en assurant en son nom qu'il en acceptera les » bases. »

Le 5 mai, la comédie continue : avant de faire son entrée dans Paris, Louis XVIII lance, de Saint-Ouen, une proclamation dans laquelle il déclare « avoir lu » attentivement le *plan* (4) de *Constitution* proposé par le » Sénat dans sa séance du 6 avril dernier... ; que les » bases en sont bonnes, mais qu'un grand nombre d'ar-

(1) « Considérant, disait l'acte de déchéance, que, dans une monarchie » constitutionnelle, le monarque n'existe qu'en vertu de la Constitution ou » du pacte social; que Napoléon Bonaparte a déchiré le pacte qui l'unis- » sait au peuple Français... contre la teneur du serment qu'il avait » prêté à son avénement au trône, conformément à l'article 58 des Cons- » titutions du 28 floréal an XII... »

(2) Vous comprenez bien : l'article disait *appelle librement* ; la Légitimité dit : « Rappelle. »

(3) Ainsi, on lui présente à la fois le trône de France et une Constitution. Il a pouvoir pour accepter le trône, mais non la Constitution. Quelle haute comédie! et quel avertissement pour ces MM. de l'Assemblée nationale!

(4) Le 18 avril, c'est « l'acte constitutionnel » ; le 5 mai, ce n'est plus qu'un *plan*, ce sont des *bases* que le roi se réserve d'examiner et de modifier.

» ticles portant l'empreinte de la précipitation avec la-
» quelle ils ont été rédigés, ils ne peuvent, dans leur
» forme actuelle, devenir lois fondamentales de l'État ; »
puis il ajoute : « Résolu d'*adopter* une Constitution libé-
» rale, nous voulons qu'elle soit sagement combinée, et
» *ne pouvant en accepter une qu'il est indispensable de recti-*
» *fier*, nous convoquons pour le 10 du mois de juin de la
» présente année le Sénat et le Corps législatif, nous en-
» gageant à mettre sous leurs yeux le travail que nous
» aurons fait avec une Commission choisie dans le sein
» des deux corps, et à donner pour base à cette Consti-
» tution les garanties suivantes. » (Les mêmes que le comte d'Artois avait énumérées dans sa réponse au Sénat du 18 avril.)

Vient ensuite la séance royale du 4 juin, véritable *Lit de Justice* où le Roi fait connaître ses volontés et où le Sénat et le Corps législatif n'ont plus qu'à *enregistrer* l'*Ordonnance de réformation*, comme l'aurait fait, autrefois, le Parlement. Dans cette séance, le roi dit : « ... C'est guidé
» par l'expérience et éclairé par *les conseils de plusieurs*
» *d'entre vous, que j'ai rédigé la Charte constitutionnelle dont*
» *vous allez entendre la lecture*, et qui asseoit sur des bases
» solides la prospérité de l'État. *Mon chancelier va vous*
» *faire connaître avec plus de détails mes intentions pater-*
» *nelles* (1). »

Dans le discours du Chancelier, celui-ci qualifie la Charte « d'*Ordonnance de réformation* par laquelle il (le
» roi) éteint tous les partis, comme il maintient tous les
» droits ; » puis il s'écrie : « *Il s'est écoulé bien des années*
» *depuis que la Providence divine appela notre monarque au*
» *trône de ses pères*. A l'époque de son *avénement*, la France,
» égarée par de fausses théories, divisée par l'esprit d'in-
» trigues, aveuglée par de vaines apparences de liberté,
» était devenue la proie de toutes les factions, le théâtre
» de tous les excès et se trouvait livrée aux plus hor-
» ribles convulsions de l'anarchie (2). Elle a successive-

(1) C'est la propre formule des *lits de justice*

(2) Comparez avec le manifeste du comte de Chambord (page 7 et 8).

» ment essayé de tous les gouvernements, jusqu'à ce que
» le poids des maux qui l'accablaient l'ait enfin ramenée
» au gouvernement paternel qui, pendant quatorze siè-
» cles, avait fait sa gloire et son bonheur... La France a
» retrouvé, du moins, les fondements inébranlables de
» son ancienne monarchie. C'est sur cette base sacrée
» qu'il faut élever aujourd'hui *un édifice durable que le*
» *temps et la main des hommes ne puissent plus ébranler* (1).
» C'est le Roi qui en devient plus que jamais la pierre
» fondamentale; c'est autour de lui que tous les Fran-
» çais doivent se rallier... *En pleine possession de ses droits*
» *héréditaires sur ce beau royaume*, il ne veut exercer *l'auto-*
» *rité qu'il tient de Dieu et de ses pères qu'en posant lui-même*
» *les bornes de son pouvoir*... C'est lui-même qui vient
» *donner aux Français* une Charte constitutionnelle ap-
» propriée à leurs besoins et à la situation des hommes
» et des choses... Le Roi a consulté (le Sénat et le Corps
» législatif) en *choisissant* dans leur sein les membres que
» leur confiance avait plus d'une fois signalés à l'estime
» publique. Il en a, pour ainsi dire, *agrandi son conseil*, et
» il doit à leurs sages observations plusieurs additions
» utiles et plusieurs restrictions importantes. C'est le
» travail unanime de la Commission dont ils ont fait
» partie qui *va être mis sous vos yeux, pour être ensuite porté*
» aux deux Chambres créées par la Constitution et en-
» voyé à tous les tribunaux comme à toutes les muni-
» cipalités. »

Enfin, M. Ferrand, ministre d'État, donne lecture de la Charte, dont le préambule contenait les phrases suivantes : « La Providence, *en nous rappelant dans nos États*
» *après une longue absence*, nous a imposé de grandes obli-
» gations... Une Charte constitutionnelle était sollicitée
» par l'état actuel du royaume; nous l'avons promise et
» nous la publions. Nous avons considéré que, *bien que*
» *l'autorité tout entière résidât en France dans la personne du*

(1) Ah ! le bon billet ! Et 1830 ? Sans cette maudite date, M. de Chambord aurait là un exorde tout trouvé pour le premier discours qu'il adressera à *son bon peuple* !

» *Roi*, nos prédécesseurs n'avaient point hésité à en mo-
» difier l'exercice suivant la différence des temps... A ces
» causes, nous avons, *volontairement et par le libre exercice*
» *de notre autorité royale*, accordé et accordons, *fait conces-*
» *sion et octroi* à nos sujets, tant pour nous que pour nos
» successeurs et à toujours, de la Charte constitutionnelle
» qui suit (1). »

(1) Si l'on demande en quoi la Charte luc le 6 juin 1814 différait de la Constitution sénatoriale décrétée le 6 avril précédent, les différences étaient capitales.

1° Par la Constitution sénatoriale (art. 1er et 2), la nation, usant de sa souveraineté, déclare que le gouvernement des Français est monarchique et héréditaire, et *appelle librement* au trône une personne qu'elle choisit et qui se trouve être le frère du dernier roi.

— Par la Charte, le Roi (qui tient son droit de Dieu et de ses pères, et qui est investi d'un pouvoir antérieur et supérieur), ne prend même pas la peine d'indiquer la nature de ce pouvoir ni son origine, dans un article de la Charte dont il fait volontairement et par le libre exercice de son autorité royale concession et octroi à ses sujets. Il prescrit seulement les formes de son gouvernement (art. 13 et suivants).

2° Par la Constitution, le roi ne sera proclamé qu'après avoir prêté par écrit serment de fidélité à la *Constitution qu'il doit accepter* (29).

— Par la Charte, le Roi n'a rien à jurer à son peuple, car il est roi en vertu des droits qu'il tient de Dieu et de ses pères; s'il veut bien poser lui-même des bornes à son pouvoir, c'est affaire entre Dieu et lui. (Voir le Préambule.) La Charte ne mentionne donc aucun serment; et, de fait, les deux rois de la Restauration n'en ont prêté aucun.

3° D'après la Constitution, les trois pouvoirs concourent à la formation de la loi; les projets de loi peuvent être proposés dans le Sénat et le Corps législatif; le droit d'amendement existe au profit des deux Chambres (5).

— D'après la Charte, le Roi a seul l'initiative des lois (16); les Chambres ont seulement la faculté de *le supplier* de proposer une loi sur quelque objet que ce soit (19). Aucun amendement ne peut être fait à une loi s'il n'a été proposé ou consenti par le Roi, ou s'il n'a été renvoyé ou discuté dans les bureaux (46).

4° Par la Constitution, la liberté des cultes et des consciences est garantie. Les ministres des cultes sont également traités et protégés (22).

— Par la Charte, chacun professe, il est vrai, sa religion avec une égale liberté et obtient pour son culte une égale protection; mais *la religion Catholique, Apostolique et Romaine est la religion de l'État*; et les ministres de cette religion et *des autres cultes chrétiens* reçoivent *seuls* des traitements du trésor royal (5, 6 et 7).

5° D'après la Constitution, le Sénat, le Corps législatif, les Collèges électoraux et les Assemblées de canton élisent leurs Présidents dans leur sein (12).

— D'après la Charte, toutes ces nominations sont faites par le Roi pour

Telles sont, l'histoire à la main, les conséquences que, dans une occasion solennelle, à la face du pays et de l'Europe, la Légitimité a déduites de son principe. Croit-on que si une occasion nouvelle lui en était offerte, M. le comte de Chambord ne les déduirait pas à son tour, lui qui vous déclare dans sa lettre à Mgr Dupanloup que son devoir « était de conserver dans son intégrité le principe » héréditaire dont il a la garde; principe en dehors du» quel il ne peut rien, et avec lequel il peut tout; » et dans son manifeste du 5 juillet 1871, qu'il viendra à nous « *tout entier*, avec son dévouement, son principe et son drapeau. »

N'est-on pas, dès lors, amené à conclure, avec Napoléon Ier, dans sa proclamation après le débarquement de Fréjus : « Les Bourbon n'ont rien oublié ni rien appris! » Pour eux, l'histoire n'a pas de leçons, car elle n'existe

les deux Chambres. Il n'est question ni des Colléges électoraux, ni des Assemblées de canton (29 et 43).

6° D'après la Constitution, les membres du Corps législatif ont 25 ans; ils sont choisis directement par les Colléges électoraux; et comme, aux termes du sénatus-consulte de Thermidor an 10, il suffisait, pour être électeur, d'avoir 21 ans et une année de domicile inscrit, on n'était pas bien loin de ce qu'on entend aujourd'hui par le suffrage universel (9).

— D'après la Charte, le député a 40 ans, l'électeur 30 ans; le premier doit payer 1,000 fr., le second 300 fr. de contributions directes, en attendant qu'on accorde un double suffrage aux plus imposés (38, 40, et loi du 29 juin 1820).

7° D'après la Constitution, les délibérations du Sénat et du Corps législatif sont publiques, à moins que ces corps n'en ordonnent autrement (8 et 11).

D'après la Charte, les délibérations de la Chambre des pairs sont secrètes (32); et celles de la Chambre des députés le deviennent sur la simple demande de cinq membres (37).

— Aussi, après la Révolution de 1830, les Chambres n'ont-elles rien eu de plus pressé que de supprimer tous les points sur lesquels la Charte octroyée s'était trouvée en désaccord avec la Constitution sénatoriale. — La nouvelle Charte a été proposée à l'acceptation du roi élu, qui a dû en jurer l'observation avant de monter sur le trône; — l'initiative des lois, le droit d'amendement ont été reconnus aux deux Chambres; — la Chambre des Députés a nommé son Président. — La religion d'Etat a disparu; enfin, l'âge des députés a été abaissé à 30 ans, celui des électeurs à 25 ans et le cens électoral à 200 fr., ce qui a constitué un grand progrès sur la Charte de 1814, tout en restant bien en deçà de la Constitution sénatoriale.

pas en dehors de leur principe. Ils reprennent le sillon interrompu par la mort ou l'exil, juste au point où leurs pères l'avaient laissé, avec les mêmes instruments et les mêmes méthodes.

Mais alors que penser de tous ces Patelins qui, d'un ton doux, viennent nous dire : « Jetez-vous d'abord dans » les bras de M. de Chambord; c'est un si honnête Prince! » Une fois rentré au milieu de son peuple, il vous fera » des conditions dont vous serez charmés et vous n'au- » rez aucune peine à vous mettre d'accord avec lui. » C'est exactement comme si ces Messieurs étant pères ou tuteurs, quelqu'un venait leur dire : « Un tel adore votre » fille ; il lui apporte le bonheur. Dépêchez-vous de les » marier. Quant aux conventions matrimoniales, il sera » toujours temps de les rédiger, et vous n'aurez qu'à » vous louer de lui. C'est un si honnête homme! »

— « Doucement! répondraient-ils ; honnête homme, » tant que vous voudrez; mais l'expérience de tous les siè- » cles nous apprend qu'il ne faut livrer ni la fille ni la » dot, sans avoir stipulé de bonnes garanties. Faisons » donc comme tout le monde. Sinon, touchez là, vous » n'aurez pas ma fille. »

Que ces Messieurs de la droite n'essaient donc pas de leurrer notre crédulité ni de tromper la masse de la nation. Pour nous faire accepter leur Prétendant, il faut qu'ils nous décident à désavouer toutes les générations qui se sont succédé depuis 1789, y compris celle qui, après avoir accepté la branche aînée en 1814 et l'avoir vue à l'œuvre, l'a chassée en 1830. De notre côté, il faut que nous sachions, nous, que nous ne pouvons subir ce même Prétendant sans renier tous les principes qui ont prévalu depuis 1789, à commencer par la souveraineté nationale (1).

(1) Quant aux députés du Centre droit, phalange orléaniste et présumée libérale, je me permettrai de leur citer ces paroles de Madame de Staël, l'illustre aïeule de leur principal chef, extraites par Sainte-Beuve de *ses Réflexions sur la paix extérieure et intérieure* et qu'on ne saurait trop méditer.

Elle cherche (écrit Sainte-Beuve) à convaincre les anciens royalistes

La question étant ainsi posée, la solution ne me paraît pas douteuse. Ce principe de Légitimité, que la France de 1815 n'a subi que sous la pression des baïonnettes étrangères, ruinée d'hommes et d'argent et affolée par la crainte de guerres sans fin avec l'Europe coalisée, — que la France de 1830 a secoué, — la France de 1873 ne le supportera pas, aujourd'hui qu'à son exemple presque toute l'Europe s'en est débarrassée. S'il était déjà vrai qu'elle fût *centre gauche* sous Louis-Philippe, comme le président Dupin le proclamait, je ne puis croire qu'elle ait rétrogradé aujourd'hui et que, pour quelques divergences plus ou moins sérieuses sur le principe du suffrage universel et ses applications, elle aille répudier toutes les libertés qu'elle a conquises et dont elle est en pleine possession depuis un quart de siècle.

Je demeure donc convaincu que LA FUSION avortera, même dans l'Assemblée nationale; que l'extrême division des partis amènera la consolidation de la République, avec ou sans la prorogation des pouvoirs de votre successeur; et que, bon gré mal gré, on votera les lois que votre Gouvernement a préparées et sur lesquelles je vous soumets mes observations.

Je suis avec respect,
Monsieur le Député,
votre très-humble serviteur,

FÉLIX LEGRAS,
Avocat, Docteur en droit.

constitutionnels et à les rallier franchement à l'ordre de choses établi, pour qu'ils y influent et le tempèrent sans essayer de l'entraver.

« Il est bien différent, leur dit-elle, de s'être opposé à une expérience
» aussi nouvelle que l'était celle de la République en France, alors qu'il
» y avait tant de chances contre son succès, tant de malheurs à supporter
» pour l'obtenir; *ou de vouloir, par une présomption d'un autre genre,*
» *faire couler autant de sang qu'on en a déjà versé, pour revenir au seul*
» *gouvernement qu'on juge possible: la monarchie.* »

Paris. — Édouard Blot et Fils aîné, imprimeurs, rue Bleue, 7.

PROJET DE LOI

SUR L'ORGANISATION DES POUVOIRS PUBLICS, PRÉSENTÉ PAR M. THIERS, PRÉSIDENT DE LA RÉPUBLIQUE, ET PAR M. DUFAURE, GARDE DES SCEAUX, MINISTRE DE LA JUSTICE (1).

Séance du 19 mai 1873.

Art. 1er. Le Gouvernement de la République française se compose d'un Sénat, d'une Chambre des Représentants et d'un Président de la République, chef du pouvoir exécutif (2).

(1) Exposé des motifs. — « Par la loi du 13 mars dernier, le Gouvernement a été chargé de préparer des projets de loi sur l'organisation et le mode de transmission des pouvoirs législatif et exécutif, sur la création et les attributions d'une seconde Chambre, enfin sur les changements à apporter à la législation électorale.

» Depuis que l'Assemblée s'est séparée, nous nous sommes livrés avec assiduité au travail qui nous était prescrit, et nous venons soumettre à votre examen le résultat d'une sérieuse étude, en vous présentant l'ensemble d'une législation bien importante, puisqu'elle doit tenir lieu d'une Constitution pour le Gouvernement de la France.

» Messieurs, lorsque vous vous êtes réunis pour la première fois à Bordeaux, tout était ruine autour de vous. Les agitations inséparables d'une révolution récente, surtout les efforts désespérés d'une affreuse guerre avaient porté une perturbation profonde dans l'organisation de l'État tout entier. Aucun pouvoir n'était resté intact; le vôtre seul s'éleva au milieu de nos institutions écroulées, et l'on peut dire qu'en France, de toutes les autorités, il ne restait plus que la souveraineté nationale.

» Cette souveraineté, c'était la vôtre; mais une Assemblée souveraine, de qui tout relève dans l'État, qui institue le pouvoir exécutif et le délègue à l'homme de son choix, c'était, au moins, en fait, un gouvernement de forme républicaine, et vous lui avez donné son véritable nom quand vous avez nommé votre élu : *Chef du pouvoir exécutif de la République française*, avec une seule réserve, qui d'ailleurs était de droit : celle des prérogatives de la souveraineté nationale, toujours libre, quand il lui conviendrait, de changer la forme du gouvernement. Avec la même réserve, mais en stipulant quelques conditions de durée, vous avez, par la loi du 31 août 1871, confirmé l'ordre établi et décerné au chef du pouvoir exécutif le titre de *Président de la République française*.

» La République est donc en ce moment la forme légale de notre gouvernement; mais le caractère provisoire qui par maintes déclarations lui a été assigné jusqu'ici, plus encore l'état incomplet des institutions dont elle se compose, les lacunes que présente son organisation, lui refusent les conditions de force et de solidité qui lui seraient nécessaires pour triompher des épreuves qu'elle est destinée à traverser. Tôt ou tard les pouvoirs actuels auront à subir un renouvellement. Dès à présent, l'incertitude qui plane encore sur le régime que la France doit adopter, affaiblit et compromet le régime existant, et entretient dans les esprits un doute et une inquiétude aussi nuisibles aux intérêts du pays qu'à l'action de l'autorité publique. Il semble, en effet, que toute révolution soit permise contre un ordre de choses déclaré officiellement provisoire; et ce n'est pas avec ce qu'on pourrait appeler l'ébauche d'un gouvernement que nous pourrions affronter, dans un pays profondément divisé, les nécessités de notre situation et les éventualités de l'avenir.

» Sans doute, tout incomplet qu'il est encore, tout dépourvu qu'il est des institutions préservatrices que réclame l'expérience de tous les pays libres, ce gouvernement a pu suffire aux premiers besoins de la France en détresse. Il a réussi à réparer nos maux les plus pressants. Sous vos auspices et avec votre concours, la paix a été faite, l'ordre rétabli, l'administration réorganisée, la tranquillité maintenue, le crédit public relevé et la libération du territoire assurée. Voilà ce qu'une république provisoire a fait pour la France. Mais ce qu'elle ne saurait faire tant qu'elle reste à l'état d'essai, d'expédient momentané, c'est calmer l'inquiétude croissante des esprits, c'est décourager les partis et maîtriser l'audace de leurs prétentions; c'est procurer à chaque jour la sécurité du lendemain. Il nous reste à prouver au pays comme à l'Europe que confiance est due à notre avenir. Or comment un gouvernement qui semble souvent protester contre sa propre durée, à qui l'on interdit comme une usurpation de se croire définitif, serait-il capable de rassurer la France et le monde sur nos futures destinées et de donner à notre puissance renaissante les garanties de la stabilité?

» Telles sont les considérations décisives qui vous ont déterminés, messieurs, à ordonner une réorganisation des pouvoirs publics et à nous charger ainsi de vous présenter tout un plan de gouvernement.

» Aux termes mêmes de la loi qui nous donnait cette mission, ce gouvernement pouvait-il être autre chose qu'un gouvernement républicain? Le travail législatif que nous venons vous présenter en a donc pour premier objet l'établissement régulier. Les circonstances l'exigent; la politique le commande également. Les avis peuvent être divisés en principe sur la forme de gouvernement la meilleure. Cette question, qui a longtemps occupé et qui occupera longtemps encore les publicistes, peut être dans la pratique différemment résolue, selon les lieux et les temps. Des esprits étroits ou passionnés pourraient seuls méconnaître les sérieuses raisons qui ont déterminé des nations éclairées à placer la monarchie constitutionnelle au rang des conceptions les plus parfaites de la science politique; mais ce n'est pas la science pure qui décide du choix d'un gouvernement; c'est la possibilité, c'est la nécessité; c'est la situation du pays obligé de se constituer. En comprenant les convictions et les regrets qui s'attachent à une forme politique qui n'est plus, nous tenons pour évident que l'état de la France ne comporte pas aujourd'hui d'autre régime que la République. Elle est actuellement le gouvernement naturel et nécessaire.

» Chaque jour nous manifeste un mouvement général de l'opinion qui, pressée de sortir de l'indécision, lasse des efforts et des promesses contradictoires des partis, veut mettre un terme à cette libre concurrence qui nourrit leurs illusions et réclame l'adoption positive du seul gouvernement qu'elle regarde comme possible.

» N'en doutez pas, messieurs, le jour où à cet égard toute incertitude sera levée, l'autorité achèvera de reprendre son empire. Une subordination nécessaire s'établira dans tous les degrés de l'administration, les liens de la discipline sociale se resserreront, et les factions perdront leur arme la plus redoutable quand elles ne pourront plus propager la défiance entre les pouvoirs comme entre les citoyens, ni supposer des réticences dans les déclarations les plus franches, des arrière-pensées dans les plus fermes résolutions.

» Quand on insiste pour obliger le gouvernement à se déclarer provisoire, on ne s'aperçoit pas que l'on affaiblit l'autorité à laquelle on prescrit en même temps d'être forte. On obscurcit le langage même des lois, impuissantes à protéger un pouvoir qu'elles n'osent pas nommer. On rend indécise et flottante la notion du devoir chez les fonctionnaires de tout ordre. Une sorte d'équivoque générale enveloppe toutes les situations, comme elle atteint le gouvernement lui-même, et l'équivoque dans le gouvernement est un encouragement à toutes les espérances révolutionnaires. C'est ainsi que l'ordre, bien qu'énergiquement maintenu, a pu paraître menacé au milieu de la tranquillité générale. Loin d'en être surpris, il faut s'étonner au contraire qu'une nation si vive, si prompte, ait pu supporter avec calme une expérience sans exemple dans l'histoire, celle d'une société qui se relève et se fortifie en n'osant s'avouer à elle-même le gouvernement qu'elle s'est donné.

» Ce sera donc, messieurs, rendre au pouvoir et à l'ordre une garantie qui leur est nécessaire, que d'ôter au gouvernement l'apparence d'un problème sans solution, en organisant résolûment la République. Si des partis osent ensuite menacer la société, l'énergie que nous opposerons à leurs attaques ne sera plus soupçonnée de servir les vues suspectes d'une réaction, quand nous marcherons, enseignes déployées, pour la défense de la République conservatrice.

» La pensée générale de la législation que nous venons vous soumettre, c'est donc, en évitant toute proclamation fastueuse, l'organisation positive et pratique du gouvernement républicain, comme découlant naturellement de l'état présent des choses ».

(2) Je n'aurais que des éloges à donner à l'Exposé des motifs dont on vient de lire l'extrait. Il me paraît résumer, avec une grande netteté et un admirable bon sens, l'état des choses actuel et l'exigence d'une solution. Mais par cela même, la rédaction de ce premier article est loin de me satisfaire, car elle me paraît en contradiction avec l'Exposé des motifs. Il n'y est question de la République française que d'une manière évasive, et il semble que les rédacteurs aient voulu ménager les susceptibilités des partisans de la Monarchie. Cependant l'Exposé est presque exclusivement consacré à démontrer la nécessité de consolider l'ordre de choses actuel, de sortir du provisoire et de substituer enfin le *Droit* au *Fait*, quelque incontestable que soit ce dernier. Quand donc sortirons-nous de toutes ces misérables équivoques? Est-ce que la République n'existe pas de fait et de droit depuis le jour où son nom a été gravé sur nos monnaies qui font le tour du monde, où le chef de notre gouvernement a pris le nom de Président de la République et signé en cette qualité des milliers d'actes qui ont donné la consécration à des milliers de documents législatifs, administratifs, officiels en un mot, sur lesquels repose désormais l'existence régulière de tant de fonctionnaires de tous ordres? Est-ce que ce n'est pas au nom de la République qu'étaient accrédités tous nos représentants auprès des Puissances étrangères et qu'ils ont dû l'être de nouveau après le Coup d'Etat parlementaire qui a remplacé M. Thiers, Président de la République française, par M. le maréchal de Mac-Mahon, également Président de cette même République? Tout cela a

été dit cent fois : tout cela est si clair qu'on est tenté de s'écrier avec le général Bonaparte, lors des préliminaires de Leoben : « La République française est comme le soleil : aveugle qui ne la voit pas ! * »

Est-elle destinée à régner longtemps à l'horizon de notre France? C'est le secret de l'avenir ; et, comme l'a dit M. Thiers, cela dépendra beaucoup des républicains. Mais, quant à présent, elle existe à l'exclusion de tout autre mode de gouvernement : *in illa vivimus, movemur et sumus*. Reconnaître franchement, hautement cette existence est donc un devoir de bonne foi; c'est, de plus, une inéluctable nécessité; car on ne peut établir les pouvoirs *constitutionnels*, c'est-à-dire l'*organisme* du gouvernement, sans savoir tout d'abord quelle sera la nature de ce gouvernement.

Je proposerais donc de remplacer l'article 1er du Projet par les deux articles suivants, empruntés pour partie à la Constitution de 1848 :

« Art. 1er. La France est constituée en République (1).

» La République française est démocratique, une et indivisible.

» Art. 2. La séparation des pouvoirs étant la première condition d'un gouvernement libre (art. 19 de la Constitution de 1848), le pouvoir législatif s'exerce par deux assemblées qui prennent les noms de Sénat et de Chambre des Représentants.

» Le pouvoir exécutif est confié pour un temps à un chef qui prend le titre de Président de la République. »

(1) Il n'y aurait pas là cette « proclamation fastueuse » que l'Exposé des motifs déclare inutile; mais ce serait clore l'ère du provisoire et signifier aux auteurs de la nouvelle Journée des Dupes (24 mai 1873) que le règne de l'équivoque est fini.

DU SÉNAT.

Art. 2 (1). Le Sénat (2) est formé de deux cent soixante-cinq membres (3), citoyens français, âgé de trente-cinq ans

* C'est la rédaction telle qu'elle a passé dans la légende ; mais les mots historiques paraissent être ceux que rapporte M. Thiers (*Histoire de la Révolution*, 9e volume, page 100e de la deuxième édition) : « La République française n'a pas besoin d'être reconnue; elle est en Europe comme le soleil sur l'horizon ; tant pis pour les aveugles « qui ne savent ni la voir ni en profiter. »

au moins (4), jouissant de tous leurs droits civils, politiques et de famille (art. 2, § 1er).

(1) L'article 2 du projet contient des dispositions concernant les représentants et la présidence de la République, et qui seront mieux placées, ce me semble, en tête de chacun des chapitres auxquels elles se rapportent. J'en conserverais seulement ce qui concerne le Sénat.

(2) Sur la nécessité de l'existence d'une SECONDE CHAMBRE, voici en quels termes s'exprime à cet égard l'*Exposé des motifs* :

« Si l'existence de la première de ces deux Assemblées pouvait être encore remise en question, il serait facile de rappeler quels graves motifs en démontrent la nécessité. Dans tout État libre, surtout dans toute république, dans toute démocratie, le grand danger est l'entraînement, et à la suite de l'entraînement la précipitation. On s'y décide souvent par passion plus que par conseil. Aussi l'art de tous les fondateurs d'un régime populaire a-t-il été d'y introduire la maturité dans les délibérations, d'opposer au mouvement de l'opinion publique le contrôle permanent de l'expérience, et l'on trouverait difficilement dans l'histoire, même en remontant jusqu'à l'antiquité, une Constitution qui n'ait point placé à côté ou au-dessus de l'opinion populaire quelque corps destiné à la diriger ou du moins à la tempérer, et à ralentir son action. Partout on a senti le danger d'un pouvoir unique et sans contre-poids. Quelle que soit sa forme et son origine, il dégénère en despotisme. Tous les pays libres de l'Europe ont deux Chambres.

» La Convention nationale, éclairée par une terrible expérience, introduisit la première en France cette dualité nécessaire *, et, tandis que la sagesse britannique couvre le monde de colonies admirablement libres où cette double garantie est soigneusement consacrée, chacune des trente-six républiques de l'Amérique du Nord présente cette même division de la législature, qui, au sommet de l'édifice fédéral, se reproduit par cette institution admirée de tous les publicistes : « le Sénat des États-Unis. »

» Une assemblée dont le nom de Sénat paraît déjà définir la nature, doit au caractère représentatif, sans lequelle elle n'aurait nulle autorité, joindre celui d'un conseil de gouvernement **.

» C'est-à-dire qu'elle doit être élective comme l'autre Chambre, mais moins nombreuse qu'elle. Si donc celle-ci se compose de cinq cents mem-

* Par la Constitution de l'an 3, art. 82.

** C'est ainsi que le Sénat américain intervient dans l'Administration d'une manière efficace et directe, en ce qui concerne le choix des hauts fonctionnaires, les Traités avec l'Étranger, etc.

bres, celle-là n'en comptera guère plus de deux cent cinquante. De même, tandis que l'une s'ouvrira à la jeunesse, l'autre n'admettra que des hommes d'un âge plus voisin de la maturité. Nous vous proposons de fixer à trente-cinq ans l'âge où l'on commencera d'être éligible au Sénat. »

— Peut être trouvera-t-on que cet Exposé est un peu sommaire. En conséquence, j'ai cru utile de reproduire, en la résumant, la discussion qui a eu lieu sur cette importante question dans l'Assemblée constituante de 1848.

Les partisans des deux Chambres ont d'abord invoqué l'expérience. Ils ont établi que dans tous les pays où le gouvernement représentatif existe, soit sous la forme monarchique, soit sous la forme républicaine, la division du pouvoir législatif a prévalu, soit à l'origine, soit après une courte épreuve; qu'en France, excepté pendant la grande période révolutionnaire, toujours la même division avait été considérée par tous les hommees d'État, par tous les bons publicistes, comme la condition essentielle; que, pendant les trente dernières années (1815-1848), elle avait été souvent utile et jamais nuisible.

Ils ont ajouté que ce système avait pour lui, non-seulement l'expérience, mais encore la logique; que seul il offrait des garanties sérieuses à la liberté et assurait quelque maturité aux délibérations législatives. La nature est ainsi faite que tout pouvoir, quel qu'il soit, monarchique, aristocratique, démocratique, tend fatalement, invariablement au despotisme, et a besoin d'être sans cesse contenu. La science politique consiste donc à organiser un système de freins, de contre-poids qui, sans entraver le pouvoir dirigeant, le modèrent, le retiennent sur la pente et l'empêchent de se précipiter. C'est à cela que les Constitutions sont bonnes; autrement il n'y aurait qu'à investir une Assemblée, une caste, un homme, et qu'à les charger de pourvoir arbitrairement aux destinées du pays.

Maintenant, ces freins, ces contre-poids sans lesquels la liberté n'existe pas, le pouvoir dirigeant peut-il les trouver en lui-même, dans sa propre sagesse, dans sa propre modération, ou bien dans certaines règles qu'il s'imposerait une fois pour toutes? Non; l'histoire entière est là pour le prouver. Comme le disait si bien Lally en 1789 : « Ce qu'il faut pour contenir le pouvoir dirigeant, ce ne sont pas des bornes passives, immobiles : ce sont des bornes vivantes et qui, à une force active, opposent une force toujours active; c'est, en un mot, un pouvoir collatéral, qui fasse sentir sans cesse au pouvoir dominant que la toute-puissance n'appartient ici-bas à personne. »

On oppose que le despotisme d'une Assemblée unique, élue par le suffrage universel, est une illusion. — Qu'est-ce en effet, dit-on, qu'un despotisme exercé par le peuple sur le peuple lui-même? On ajoute que la souveraineté est une, que la nation est une, et l'on en conclut qu'il ne doit y avoir qu'une Chambre; ce système est d'ailleurs beaucoup plus simple. Ceux qui raisonnent ainsi oublient qu'il n'y a jamais unanimité dans le peuple; qu'à côté de la majorité qui nomme l'Assemblée souveraine, il y a la minorité qui la subit; que si la souveraineté est une, il ne s'ensuit pas que son mode d'action ne puisse être multiple; qu'enfin la question de simplicité doit passer ici après celle de liberté; que rien n'est plus simple au monde que le despotisme *, et que, si l'on voulait être conséquent, il faudrait adopter le système de ceux qui proposent de déléguer à une seule Assemblée le pouvoir législatif et exécutif. Le projet de Constitution repousse ce dernier système; il demande que les deux pouvoirs soient séparés; mais alors il faut s'attendre à des conflits. En effet, quelque soin que l'on mette à limiter et à définir leurs attributions, on ne parviendra jamais à prévenir les collisions entre deux pouvoirs qui se touchent par une foule de points. Il est vrai que ces collisions ne sont pas impossibles avec un pouvoir législatif divisé; mais nous dirons, appuyés sur l'expérience et armés de la logique, qu'une seconde Chambre, corps intermédiaire, pourra souvent amortir bien des chocs et empêcher les deux pouvoirs principaux de se heurter l'un contre l'autre. Sous ce premier rapport, le système des deux Assemblées nous paraît donc l'emporter sur celui d'une Assemblée unique.

Maintenant, nous dirons qu'il assure plus de maturité dans la délibération législative; qu'il prévient des entraînements inévitables. C'est là une proposition qui porte avec elle sa démonstration et que personne ne songe à contester. Tout le monde reconnaît que les lois, pour être bonnes et durables, ont besoin d'être votées avec réflexion et lenteur; tout le monde avoue qu'en tous pays, en tous temps, une Assemblée unique est exposée à de déplorables entraînements; tout le monde sait enfin que, par caractère, par tempérament, nous sommes plus sujets que d'autres aux résolutions soudaines et passionnées. Comment alors comprendre que nous ne voulions pas introduire dans notre Constitution les précautions, les garanties que des peuples bien plus calmes, bien plus froids que nous, ont jugées nécessaires et indispensables ?

On prétend, il est vrai, que le projet de Constitution présente des garanties au moins équivalentes. On les fait consister dans l'examen préalable des projets par le Conseil d'Etat, dans la formalité des trois lectures, dans le droit, accordé au pouvoir exécutif, d'appeler l'Assemblée à une délibération nouvelle. Ce n'est pas tout, pour tranquilliser l'Assemblée, on fait valoir la manière dont elle a procédé jusqu'à présent. Mais d'abord, le Conseil d'État, tel que le projet l'organise, est une con-

* Qu'on se rappelle, à ce sujet, la devise de l'Espagne sous Philippe II :

« *Un* roi, *une* foi, *une* loi. »

ception nouvelle * sur le mérite de laquelle tout le monde est loin de s'accorder. Réalisera-t-il toutes les brillantes espérances que la Commission en a conçues? C'est ce que personne ne saurait affirmer aujourd'hui. D'ailleurs, qu'on le remarque, si le Conseil d'Etat doit être consulté sur certains projets de loi, son avis n'est point obligatoire pour le Gouvernement. Quant aux projets émanés de l'initiative parlementaire, l'Assemblée est libre d'ordonner ou de ne pas ordonner le renvoi. Ainsi, il ne faut pas exagérer cette première garantie. Celle des trois lectures, à quelques jours d'intervalle, est à peu près illusoire; il suffit, pour la supprimer, d'une déclaration d'urgence. — On peut en dire autant du droit que le projet accorde au Président de provoquer une nouvelle délibération. N'est-ce pas, en effet, trop présumer d'une assemblée, de croire qu'elle sera, le plus souvent, disposée à réparer les erreurs qu'elle aura commises? Sa toute-puissance ne lui inspirera-t-elle pas, au contraire, le sentiment d'y persister? — Enfin, l'exemple de l'Assemblée actuelle peut être diversement apprécié; nous croyons qu'il ne serait pas difficile de démontrer qu'il favorise plutôt qu'il ne contrarie le système que nous proposons.

Mais on insiste, et l'on nous dit : « Ou bien les Chambres seront d'accord, et alors une double discussion devient inutile; ou bien les Chambres ne seront pas d'accord, et alors vous créez entre elles une lutte acharnée et systématique. » A ce dilemme nous répondons par un autre que voici : « Ou bien les Chambres seront d'accord, et alors la loi, sortie victorieuse d'une double épreuve, aura dans le pays plus de force ou d'autorité; ou bien les Chambres seront en désaccord; et ce sera la preuve que la volonté nationale ne sera pas encore assez claire, assez certaine, et que la question a besoin d'être débattue de nouveau. »

Malgré toutes ces raisons, excellentes, selon moi, la *dualité* fut repoussée par 530 voix contre 289.

—Il serait injuste d'imputer à cette détermination le peu de durée de la seconde République, puisqu'il est notoire qu'elle a succombé, non sous ses propres fautes ou sous les vices de son organisation, mais sous la violence extérieure et sous le Coup d'État du 2 décembre 1851. Je n'en pense pas moins cependant que la résolution était mauvaise en elle-même et qu'elle ne doit plus être reproduite.

— Dans le projet qu'il a fait distribuer à ses collègues, M. Pradié, député de l'Aveyron, s'est attaché également à montrer la nécessité de cette seconde Chambre, qu'il considère comme « la meilleure combi-

* La nouveauté consistait surtout dans le mode de nomination par l'Assemblée ; car la préparation des projets, ou du moins leur examen préalable, a toujours existé au profit du Conseil d'État, depuis la Constitution de l'an VIII.

» naison pour neutraliser ce qui, dans le suffrage universel, rend la » République radicalement impossible et pousse la société aux abîmes. »

(3) Le nombre de 265 sénateurs résulte du mode de nomination déterminé par l'article 4.

(4) Cet âge de trente-cinq ans ne me paraît pas avoir été suffisamment réfléchi; car il rendrait presque impossible l'application de l'article 5. Il suffira, pour s'en convaincre, de passer en revue les quinze catégories énumérées dans cet article: il n'en est presque aucune dont les membres n'aient forcément dépassé l'âge de quarante ans déjà adopté pour les Anciens par la Constitution de l'an III, et auquel je proposerais de revenir.

Art. 3. Le Sénat est nommé pour dix ans (1) et se renouvelle par cinquième tous les deux ans (2).

(1) La longue durée des fonctions est un des éléments de stabilité. Il est donc rationnel que notre article ait préféré le terme de dix années à celui de six années (Constitution des Etats-Unis, section 3, article 2) et à celui de huit années proposé par M. Pradié, dans son projet.

(2) On peut se demander de quelle manière ce roulement sera établi. Tirera-t-on quatre fois au sort de deux années en deux années, pour procéder ensuite par voie d'ancienneté ? ou bien déterminera-t-on le roulement une fois pour toutes, aussitôt après la première installation (Constitution des Etats-Unis, *Loco citato*); ce qui me paraîtrait préférable.

Art. 4 (1). Chacun des quatre-vingt-six départements nomme trois sénateurs; le territoire de Belfort, les départements de l'Algérie, les îles de la Réunion, de la Martinique et de la Guadeloupe en nomment chacun un (2).

L'élection est faite par le suffrage direct et universel de tous les électeurs du Département, du Territoire ou de la Colonie (3), et au scrutin de liste (4) pour les départements de la France.

(1) *Exposé des motifs* sur cet article. — « Nous venons de dire que le Sénat devait être élu. En France, la base de l'élection est aujourd'hui le

suffrage universel. C'est donc du suffrage universel que le Sénat devra émaner. Mais il y a deux manières de mettre en action le suffrage universel : l'élection directe ou l'élection à deux degrés. Il se présentait de fortes raisons pour essayer en faveur du Sénat ce dernier système. Il se recommande par la préférence qui lui a été donnée la première fois que l'établissement régulier de la République a été tenté parmi nous, et ce sont également des assemblées élues qui désignent, aux Etats-Unis, les membres du Sénat.

» Cette manière d'organiser le suffrage universel offrait l'avantage d'introduire entre les deux Chambres une différence qu'il paraît à la fois désirable et difficile de réaliser; car une des objections les plus usitées contre le dédoublement de la représentation nationale, c'est qu'étant nommées l'une et l'autre par le peuple, les deux Assemblées sont exposées à se ressentir de leur communauté d'origine, tout en étant destinées à être l'une la contre-partie de l'autre. On peut donc avancer que la théorie pure conseillait, pour le Sénat, l'élection à deux degrés, c'est-à-dire l'élection par un collége élu lui-même par le suffrage universel.

» Mais on a pensé que ce procédé, passagèrement essayé, et qui n'a pas pénétré dans nos mœurs, paraîtrait une nouveauté compliquée à laquelle le pays ne s'attacherait pas et refuserait même de s'associer en donnant l'exemple si fâcheux d'abstentions nombreuses. A une nation que peut lasser le retour fréquent des opérations électorales, il serait imprudent d'en imposer une nouvelle qui, n'ayant pas de résultat immédiat, risquerait de l'intéresser faiblement, de ne point l'attirer vers les urnes électorales, de façon que l'Assemblée, issue d'une élection sans vie, douterait elle-même de sa force et ne paraîtrait peut-être qu'un vain simulacre aux yeux de la nation qui aurait mis tant de négligence à la former. Il est hors de doute que le suffrage direct prête à ses élus une tout autre autorité, une tout autre force d'impulsion qu'un procédé savant, mais artificiel, comme les deux degrés. Nous voulons assurer au Sénat un rang et une puissance qui ne permettent pas de voir en lui l'inférieur de l'autre Chambre; ainsi, nous nous sommes décidés à lui assigner la même origine. Le Sénat sera élu directement par le suffrage universel.

» C'est ailleurs que dans la base électorale que nous avons cherché les différences qui marqueront le rôle spécial auquel il est appelé. Déjà nous avons indiqué pour l'éligibilité un minimum d'âge supérieur de dix ans à celui qui serait exigé des Représentants. Puis, tandis que l'élection de ces derniers paraît avoir pour principal objet la représentation du nombre, nous avons pensé que pour l'élection sénatoriale on devait beaucoup moins tenir compte du chiffre des populations. Nous voyons dans le sénateur le représentant de cette unité morale dont le temps a fait une unité historique, le Département, sans tenir aucun compte de l'inégalité numérique des populations. C'est ainsi qu'aux Etats-Unis, tandis que le nombre des représentants est proportionnel à la population, chaque Etat est représenté au Sénat par deux sénateurs. Nous vous proposons d'attribuer à chaque département le droit d'élire, par scrutin de liste, trois sénateurs, ce qui porterait le nombre des membres de cette assemblée à 258, élevé à 265 par l'adjonction du territoire de Belfort, de l'Algérie et des colonies. »

(2) Que l'Algérie et les colonies soient représentées au Sénat dans les proportions indiquées par l'article, je n'ai pas d'objection à faire; mais je ne puis admettre que chacun de nos départements nomme un nombre égal de sénateurs. Quelles proportions y a-t-il pour l'influence politique entre les Hautes-Alpes (122,000 h.) et le Nord (1,392,000 h.), les Basses-Alpes (143,000 h.) et la Seine (2,150,000 h.)? Et est-il juste que des forces si inégales pèsent cependant du même poids dans la balance du Sénat?

L'Exposé des motifs s'appuie sur l'exemple des Etats-Unis, mais cet exemple ne me paraît pas heureusement choisi.

1° La République des Etats-Unis est fédérative, tandis que la nôtre est une et centralisée.

2° Le Sénat a là-bas une très-grande prépondérance sur la Chambre des Représentants, à raison de ses attributions; il prend une part assez importante à l'administration proprement dite, puisqu'il concourt avec le Président aux traités, à la désignation des ambassadeurs et autres agents diplomatiques, des juges des cours suprêmes et de tous autres fonctionnaires des Etats-Unis aux nominations desquels il n'est pas pourvu d'une autre manière dans la Constitution (article 2, section 2, 2e alinéa). On comprend dès lors que, *pour préserver l'indépendance des petits états confédérés vis-à-vis des grands, on ait cru devoir attribuer une représentation égale à chacun d'eux dans cette haute Assemblée.* Chez nous, rien de semblable; au contraire, unité de la République, unité de la législation, point d'intérêts différents et d'existences indépendantes à sauvegarder. Je ne vois donc aucune raison plausible pour adopter la base proposée par le Gouvernement et je demande qu'on en revienne à la proportionnalité *.

— M. Pradié, dans son projet, adopte d'autres bases pour l'élection de ses sénateurs ou délégués départementaux. Aux termes de l'article 2, il fait élire autant de délégués que le département a de fois 150,000 habitants. Toute fraction excédant 75,000 habitants donne droit à un délégué, sans que, dans aucun cas, le nombre total puisse excéder six par département, et il arrive ainsi au chiffre de 243.

* J'ai vérifié par le calcul que le projet du Gouvernement renverserait d'une manière complète la proportion du nombre des Sénateurs à la population, et que trente-quatre départements représentant les quatre septièmes (20,826,000) n'auraient que cent deux Sénateurs, tandis que cinquante-deux départements représentant les trois septièmes (15,000,000 environ) en auraient cent cinquante-six.

Dans un premier travail, j'avais établi que, sur nos quatre-vingt-six départements, *cinq* comptent moins de 200,000 habitants; *quarante-six* ont de 200,000 à 400,000 habitants; *dix-neuf* ont de 400,000 à 550,000 habitants; *neuf* ont de 550,000 à 650,000 habitants; *cinq* ont de 660,000 à 800,000 habitants; le Nord, 1,392,000; la Seine, 2,150,000. En attribuant *un* sénateur par département à la première catégorie, *deux* à la seconde, *trois* à la troisième, *quatre* à la quatrième, *cinq* à la cinquième, *sept* au département du Nord, *dix* à celui de la Seine, *un* au territoire de Belfort, on arriverait au chiffre de 233, et avec les colonies, 240.

J'avoue que ces deux modes de procéder me paraîtraient préférables à celui que le Gouvernement propose. Je ne ferai sur celui de M. Pradié qu'une observation, c'est que les deux principaux départements, le Nord et la Seine me paraîtraient un peu sacrifiés. A eux deux, ils représentent le dixième de la population totale (3,542,000 h.), et ils n'auraient que 12 voix sur 243, c'est-à-dire *un vingtième*.

(3 et 4) Dans ce système, les électeurs des deux Chambres seraient identiquement les mêmes; seulement ils procéderaient d'une manière différente : par scrutin individuel pour les Représentants, par scrutin de liste pour les Sénateurs; de telle sorte que ces derniers se trouveraient les délégués des départements, tandis que les seconds seraient les délégués des arrondissements ou même de circonscriptions électorales fractionnaires. Mais ce n'est là qu'une nuance, et je ne crois pas qu'elle offre beaucoup de garanties pour le résultat que l'on veut obtenir. On pourrait même s'étonner que le Gouvernement recommandât ici le scrutin de liste alors que dans son Exposé des motifs, en ce qui concerne la Chambre des Représentants, il déclare que : « Une grande partie des critiques dirigées » contre notre système électoral doivent être adressées au scrutin de » liste; » et il ajoute plus bas : « ... Le Gouvernement recommande » donc avec insistance à l'attention de l'Assemblée l'élection par arrondis- » sement. Il y voit le moyen le plus efficace d'écarter les inconvénients » que l'on a pu reprocher à la pratique du suffrage universel.... *Il ne » fait aucune difficulté pour déclarer que si le système qu'il propose » n'était pas adopté, il regarderait comme sérieusement compromise » l'œuvre de réorganisation politique que vous allez entreprendre.* »

Peut-être répondra-t-on que dans l'élection du Sénat les inconvénients du scrutin de liste s'atténueraient, si même ils ne disparaissaient pas, parce que le suffrage ne pourrait se porter que sur les personnages énumérés dans l'article 5 : mais, comme je crois l'article 5 inacceptable, cette réponse ne me satisferait guère.

— J'avais proposé ailleurs que « le Sénat ou Assemblée des Anciens » fût « nommé par les conseils généraux et pris parmi leurs membres. Chaque

» Conseil général aurait nommé par scrutin de liste, au scrutin secret et » à la majorité absolue, le nombre de sénateurs afférent à son départe- » ment. Le Sénateur sortant aurait été rééligible tant qu'il aurait fait » partie du Conseil général. »

Voici comment je justifiais cette disposition :

« Etant donnée l'utilité de deux Assemblées, il est manifeste qu'elles ne » doivent pas être composées de deux éléments identiques ni être puisées » à la même source; autrement ce serait un double emploi.

» L'Assemblée des Anciens (le Sénat) diffère : 1° par l'âge (je propo- » sais quarante ans) qui suppose une plus grande maturité d'esprit et » moins d'entraînement aux idées nouvelles; 2° par le mode d'élection; » elle ne proviendrait qu'indirectement du suffrage universel, mais elle » en proviendrait, puisque les Conseils généraux sont nommés par lui, et » elle s'y retremperait, puisqu'en ne réélisant pas le conseiller général » investi par ses collègues du mandat de Sénateur, le suffrage universel » le frapperait d'inéligibilité pour l'avenir; 3° par la faculté d'élire des » fonctionnaires publics et de réunir ainsi dans cette Assemblée l'expé- » rience que donne la pratique des affaires publiques à celle que suppose » la maturité de l'âge. »

Mais je ne ferai pas difficulté de reconnaître que ce projet soulevait plusieurs critiques : 1° Le choix des Conseils généraux était bien limité, puisqu'il ne pouvait se porter que sur leurs membres; 2° le corps électoral était bien peu nombreux par comparaison avec les nominations à faire; 3° le suffrage universel, dans lequel il puisait sa force, n'avait qu'une source bien réduite, puisqu'elle n'était formée pour chaque conseiller général que par les électeurs d'un seul canton.

— Le projet de M. Pradié est bien plus large, Lui, non plus, ne paraît pas jaloux de s'adresser au suffrage universel pour la nomination de ses délégués départementaux. Mais, par son article 3, il compose son corps électoral des membres du Conseil général, des membres des Conseils d'arrondissement, des membres des Conseils municipaux avec adjonction des plus imposés en nombre égal, conformément à l'article 42 de la loi du 18 juillet 1837. Il soulève même la question de savoir si on ne pourrait pas adjoindre à ce corps électoral les capacités : médecins, notaires, juges de paix, avocats, employés, etc., qui composeraient le corps électoral des délégués nationaux et jouiraient ainsi, à raison de leurs lumières, *d'une sorte de double vote.*

Sur ce dernier point, je me bornerai à faire remarquer que je n'aurais pas grande confiance dans les personnes désignées si elles ne fesaient partie ni des Conseils généraux, ni des Conseils d'arrondissement, ni des Conseils municipaux, ni des plus imposés des communes.

A l'égard des plus imposés, il semble, d'après la rédaction de l'article 3, qu'ils ne soient appelés qu'à doubler les conseillers municipaux et non les conseillers généraux et d'arrondissement. Est-ce une preuve de confiance vis-à-vis de ceux-ci, de défiance vis-à-vis des autres?

Quoi qu'il en soit, on compte en France environ 2,850 conseillers généraux, à peu près autant de conseillers d'arrondissement. A supposer *douze* conseillers municipaux par commune, on en trouverait 332,000 environ; ajoutez un pareil nombre de plus imposés, cela ferait, au total, un corps de 672,000 électeurs environ, dans lequel les deux premières catégories (d'ensemble 5,700) se trouveraient complètement noyées. Sans doute on peut admettre que les plus imposés des communes n'auraient pas tous le même esprit que les conseillers municipaux élus; mais, dans quelles proportions se produirait la divergence? C'est l'inconnu; et, jusqu'à preuve contraire, on peut croire que dans tous les départements les élections appartiendraient aux conseillers municipaux. Je trouverais là une *alea* redoutable, et qu'il me parait, en définitive, tout à fait inutile d'affronter.

Je proposerais donc pour le Sénat ce que le Gouvernement trouve excellent pour la Chambre des Représentants: le vote individuel avec des circonscriptions électorales fractionnaires calculées sur le nombre des Sénateurs à élire dans chaque département. La répartition serait différente, mais non plus difficile à établir pour une Chambre que pour l'autre. Elle serait fixée par une loi et ne pourrait être modifiée que par une loi.

Art. 5. Ne peuvent être élus aux fonctions de Sénateurs que :

1° Les Membres de la Chambre des Représentants;

2° Les anciens Membres des Assemblées législatives;

3° Les Ministres et anciens Ministres;

4° Les Membres du Conseil d'État, de la Cour de Cassation et de la Cour des Comptes;

5° Les Présidents et anciens Présidents des Conseils généraux;

6° Les Membres de l'Institut;

7° Les Membres nommés du Conseil supérieur du Commerce, de l'Agriculture et de l'Industrie;

8° Les Cardinaux, Archevêques et Évêques;

9° Les Présidents des deux Consistoires de la Confession d'Augsbourg qui comptent le plus grand nombre d'électeurs et des douze Consistoires de la Religion réformée qui comptent le plus grand nombre d'électeurs;

10° Le Président et le grand Rabbin du Consistoire central des Israélites de France ;

11° Les Maréchaux et Généraux de division, les Amiraux et Vice-Amiraux en activité de service ou dans le cadre de réserve, les Gouverneurs de l'Algérie et des trois grandes Colonies, ayant exercé ces fonctions pendant cinq ans;

12° Les Préfets en activité de service ;

13° Les Maires des villes au-dessus de 100,000 âmes;

14° Les Fonctionnaires qui ont rempli pendant dix ans les fonctions de Directeurs dans les Administrations centrales des Ministères ;

15° Les Magistrats en retraite qui ont appartenu à la Cour de Cassation aux Cours d'Appel, ou qui ont rempli les fonctions de Président d'un Tribunal civil.

(1) Pour motiver les choix contenus dans cet article, l'*Exposé des motifs* s'exprime ainsi :

« Mais comme il importe de conserver à l'Assemblée dont il s'agit ce caractère vraiment sénatorial qui consiste dans l'autorité de l'expérience, il est indispensable qu'elle soit exclusivement choisie parmi ceux qui en offrent les signes au moins apparents, et que la durée des fonctions de ses membres assure au corps entier une sorte de permanence. Les Sénateurs ne devront être choisis que dans une certaine catégorie de citoyens, dont la plus importante sera celle des anciens Représentants; et l'Assemblée devra durer dix ans, en se renouvelant par cinquième tous les deux ans. »

— Commençons par les observations de détail :

A. On voit figurer sous le N° 4, les *membres du Conseil d'Etat* et ceux de la *Cour des Comptes*. Mais ces deux corps de magistrature comportent différents degrés : sans parler des auditeurs, un maître des requêtes est membre du Conseil d'Etat; un référendaire (de première ou de deuxième classe) est membre de la Cour des Comptes; le Conseil d'Etat contient même des membres dits « en service extraordinaire », qui ne doivent ce titre qu'à leurs fonctions administratives et seulement pendant la durée de ces fonctions. Il me paraît certain que le projet n'a eu en vue que les présidents de section et les conseillers d'état en service ordinaire; les présidents de chambre et les conseillers-maîtres à la Cour des Comptes. Mais encore aurait-il fallu s'en expliquer.

B. Sous le N° 6, le projet mentionne les membres de l'Institut. La théorie des « illustrations nationales » est déjà ancienne et très-respectable en elle-même, quoiqu'il y ait bien des degrés dans les Académies comme ailleurs. Je n'aurais donc aucune objection à faire, si l'article ne commençait pas par cette phrase restrictive : « Ne pourront être élus que etc. » Dans cet ordre d'idées, la simple désignation de toute une catégorie d'individus prend une importance énorme. Ne pourrait-on pas dès lors se demander quelle garantie *particulière* ces Messieurs des inscriptions et belles-lettres, de la musique, de la peinture, etc., offriraient au pays, et en quoi ils présenteraient « ce *caractère vraiment sénatorial qui consiste dans l'autorité de l'expérience* ».

C. Sous les N°s 5 et 7, on parle des présidents et anciens présidents des Conseils généraux et départementaux, des membres « nommés » du Conseil supérieur du Commerce, etc. C'est sans doute *élus* qu'on aura voulu dire. En second lieu, suffirait-il d'une *seule élection?* Et serait-ce trop exiger que de demander une réélection pour faire passer un homme à l'état de « notabilité nationale ? »

D. Je n'ai pas, bien entendu, d'objection à faire contre les désignations contenues aux N°s 8, 9, 10, 11 du projet. Mais je me demande si les propositions de M. Pradié n'offriraient pas quelque avantage, en ce qu'elles considéreraient comme *sénateurs de droit* les plus hauts représentants de certains intérêts sociaux, tels que les cardinaux, les maréchaux et amiraux. Je reviendrai, plus tard, sur ce point, dans la discussion.

E. Sous le N° 12, figurent *tous* les préfets *en activité de service*. Pourquoi ne pas se limiter aux préfets de première classe ou à ceux qui auraient un certain nombre d'années de service (dix ans, par exemple) ? Pourquoi, d'un autre côté, exclure ceux qui auraient rempli, sous les anciens gouvernements, les conditions que l'on imposerait aux préfets actuels ?

F. Sous le N° 13, on parle des maires des villes au-dessus de 100,000 âmes. Paris et Lyon ont plus de 100,000 âmes ; mais ces deux villes comptent, chacune, plusieurs maires. Ceux-ci rentreraient-ils ou non dans la nomenclature, quoique l'arrondissement à la tête duquel ils seraient placés, ne comptât pas 100,000 âmes.

G. Le N° 14 parle des fonctionnaires *qui ont rempli* pendant dix ans, etc. Comprend-il les même fonctionnaires *en activité*, lorsqu'ils remplissent *depuis* dix ans leurs fonctions ?

H. Enfin, le N° 15 comprend les magistrats en retraite qui ont appartenu à la Cour de cassation, aux Cours d'appel, ou qui ont rempli les fonctions de président d'un tribunal de première instance.

Que de... *singularités* ! Le N° 4 n'admet que les membres du Conseil d'Etat, de la Cour de cassation et de la Cour des comptes *en activité*, et aucun membre des Cours d'appel. Le N° 15 ne mentionne plus ni les conseillers d'Etat *retraités*, ni les membres de la Cour des comptes dans la même position. Pourquoi cela ? En outre, il n'avait pas été question, sous les numéros précédents, des magistrats les plus élevés des Cours d'appel, tels que premiers présidents, présidents ou procureurs généraux, en activité de service ; et voici qu'il suffira d'avoir été conseiller de troisième classe ou substitut de procureur général, pour que la mise à la retraite fasse de vous un candidat.

Que dire aussi de la dernière disposition de ce N° 15, qui met sur le même pied le président du tribunal de la Seine (qui a rang de conseiller à la Cour de cassation) et le président d'un tribunal de sixième classe, tel que celui de Barcelonnette, de Castellane ou de Montfort ?

— Mais toutes ces critiques de détail, que quelques traits de plume feraient disparaître, ne sont rien auprès de la question de *principe*.

Sur ce point, il m'est impossible de me rallier au Projet.

Je comprends que, pour arriver au résultat qu'il s'agit d'obtenir, c'est-à-dire une *double* représentation législative, il faille s'adresser à des éléments constitutifs différents. Ainsi, exclusion des fonctionnaires publics de la Chambre des Représentants ; et, par suite, prépondérance marquée dans son sein de ce qu'on est convenu d'appeler l'influence de l'opinion du jour et la préoccupation, souvent irréfléchie, du progrès. Admission, au contraire, des fonctionnaires publics au sein du Sénat, et même dans une large mesure, afin que l'expérience des affaires, l'application constante de la législation et des actes du pouvoir exécutif qui l'ont successivement interprétée, puisse prémunir les membres de cette seconde assemblée contre les entraînements de la première. Mais il faut se garder de tomber dans l'excès contraire et de donner cours, contre la composition du Sénat, au préjugé absurde si souvent, mais trop répandu contre l'indépendance des fonctionnaires publics.

Si vous laissez le choix libre aux électeurs, en vous bornant à déclarer tous les fonctionnaires ou bien tels ou tels fonctionnaires éligibles au Sénat, vous évitez ce reproche. Vous y tombez en plein, si vous limitez le choix des électeurs par des catégories dont ils ne pourraient sortir.

On comprendrait toutefois que, par une défiance que le suffrage universel a plus d'une fois justifiée, on dise : Mais si nous laissons aux électeurs la bride sur le cou, qui nous garantit que leurs voix ne se détourneront pas systématiquement des fonctionnaires ? et, alors, le but nous échappe. C'est pour ce cas que le système de M. Pradié offre de véritables garanties et que ses sénateurs *nationaux* pourraient lui être empruntés : mais j'en restreindrais le nombre et je les ferais désigner *à l'avance* par la loi.

Ainsi, le premier président, le doyen des présidents et le procureur général près la Cour de cassation; — le vice-président et le plus ancien des présidents de section du Conseil d'Etat, — le premier président, le doyen des présidents de Chambre et le procureur général près la Cour des comptes; — le premier président et le procureur général près la Cour de Paris; — les deux plus anciens maréchaux et les deux plus anciens amiraux; — les trois plus anciens cardinaux; — le président élu de chacun des Conseils supérieurs du commerce, de l'agriculture et de l'industrie; — l'un des présidents du Consistoire de la Confession d'Augsbourg et l'un des présidents du Consistoire de l'Eglise réformée, élus par les présidents leurs collègues; — Le président du Consistoire central des Israélites de France; — L'un des présidents des Conseils d'administration des chemins de fer, élu par les autres présidents; — deux membres du Conseil de régence de la Banque de France, élus par ce conseil dans une délibération à laquelle seraient appelés, avec droit de vote, le gouverneur et les deux sous-directeurs de la Banque; — deux membres du Conseil supérieur de l'instruction publique, élus par leurs collègues parmi ceux qui sont déjà le produit de l'élection. — Toutes ces personnes feraient partie du Sénat à raison de leurs fonctions et *tant qu'elles en seraient revêtues*, elles concourraient à toutes les opérations de l'Assemblée avec les sénateurs élus.

Tous les autres fonctionnaires resteraient éligibles; mais au même titre et dans les mêmes conditions que les autres citoyens.

De cette manière, les grands intérêts spéciaux de la société française pourraient être expliqués et défendus dans le Sénat, par leurs représentants les plus élevés, sans que le droit des électeurs fût en rien blessé, puisque la proportion des sénateurs de droit serait de 28 à 30, contre 240, 243 ou 265 sénateurs élus suivant qu'on adopterait le mode de répartition proposé par moi (page 29), ou celui de M. Pradié (page 29), ou enfin celui du projet gouvernemental.

— Je ne puis terminer ces observations sans m'expliquer sur le système des *sénateurs nationaux* proposé par M. Pradié. Ils seraient, en partie, des sénateurs *de droit*, tels que maréchaux, amiraux, cardinaux (articles 6 et 13 du projet); en partie, des sénateurs élus par neuf catégories d'électeurs désignés dans les articles 5, 6, 7, 8, 9, 10, 11, 12 et 13 du projet *.

* M. Pradié propose de composer la seconde Chambre de deux éléments :

Le premier consisterait dans les délégués des départements nommés au scrutin de liste par un corps électoral spécial composé :

1° Des membres du Conseil général;

2° Des membres des Conseils d'arrondissements;

Ils seraient élus le même jour, au scrutin de liste pour toute la France et au chef-lieu d'arrondissement. Les votes recueillis, dans autant d'urnes qu'il y aurait de groupes à représenter, seraient dépouillés et transmis à la préfecture, dans les formes prescrites pour l'élection des députés. Si un électeur appartenait à deux ou plusieurs groupes à la fois, il

3° Des membres des Conseils municipaux, avec adjonction des plus imposés en nombre égal, conformément à l'art. 52 de la loi du 19 juillet 1837.

M. Pradié soulève même la question de savoir si l'on ne pourrait pas, en outre, adjoindre à ce corps électoral les capacités : médecins, notaires, avocats, juges de paix, magistrats, etc., fonctionnaires qui composeront, comme il va être expliqué, le corps électoral des groupes nationaux et jouiraient ainsi, à raison de leurs lumières, de la faculté de voter pour l'élection des délégués départementaux et des délégués nationaux.

Le deuxième élément comprendrait, aux termes des art. 5-13 du projet Pradié :

1° *L'Ordre judiciaire*, représenté par quinze délégués, nommés au scrutin de liste pour toute la France, par les magistrats, juges d e paix, avocats et officiers ministériels de toute la France;

2° *L'Armée de terre et de mer*, représentée par : 1° les maréchaux et amiraux, membres de droit; 2° par dix officiers généraux des armées de terre et de mer appartenant à la deuxième section du cadre d'activité, et nommés par les officiers en retraite ou démissionnaires des deux armées;

3° *Le Corps enseignant* des sciences, des lettres et des arts, représenté par vingt délégués, nommés par les membres de l'Institut, par les professeurs du Collége de France, des diverses Écoles du gouvernement et des Facultés, par les licenciés et docteurs en médecine, ès lettres, ès sciences, par les agrégés et professeurs de l'Université, par les instituteurs primaires, par les instituteurs et professeurs des établissements d'Enseignement libre primaire, secondaire et supérieur, par les rédacteurs en chef des Journaux et Revues de toute la France, ayant au moins dix ans consécutifs d'existence;

4° *Les Intérêts financiers*, représentés par dix délégués nommés par les membres de la Cour des comptes, les membres du Conseil de surveillance de la Caisse d'amortissement et de la Caisse des dépôts et consignations, par les agents de change et par les membres des Conseils d'administration et de surveillance de la Banque de France, du Crédit Foncier et des Compagnies financières ayant un capital d'au moins 50 millions, dont la moitié réalisée;

5° *Les Intérêts de l'industrie et du commerce*, représentés par vingt délégués nommés par les membres des Tribunaux et des Chambres de commerce, par les membres des Chambres consultatives des arts et métiers, des Chambres consultatives d'agriculture et par les membres des Conseils d'administration et de surveillance des Compagnies de chemin de fer et des Sociétés commerciales et industrielles représentant un capital d'au moins trois millions réalisés;

6° *Les Intérêts des ouvriers*, représentés par vingt délégués, dont dix patrons et dix ouvriers, nommés par les Conseils de prudhommes;

7° *Les Intérêts des pauvres*, représentés par dix délégués nommés par les membres des Bureaux de bienfaisance et Commissions d'hospices, par les membres des Bureaux de Sociétés de secours mutuels et Sociétés de bienveillance, dont la nomenclature sera arrêtée par la Commission;

8° *Les Cultes protestant et israélite*, représentés par deux délégués nommés, un par les Consistoires des Églises réformées, un par les Consistoires israélites;

9° *Le Clergé catholique*, représenté par : 1° les cardinaux, membres de droit; 2° dix délégués, dont cinq laïcs, nommés par tous les prêtres régulièrement institués et approuvés, et non interdits.

déclarerait pour lequel il entend opter et déposer son vote. Les électeurs qui ne pourraient se rendre au chef-lieu d'arrondissement auraient la faculté de remettre, au maire de leur commune, leur vote sous double enveloppe cachetée. Le maire légaliserait la signature de l'électeur sur la dernière enveloppe, y apposerait le timbre de la mairie et transmettrait le bulletin dans cet état au sous-préfet. Celui-ci légaliserait la signature du maire, apposerait le timbre de la sous-préfecture sur l'enveloppe et transmettrait le bulletin au bureau chargé de recueillir et de dépouiller les votes. La dernière enveloppe du bulletin ainsi transmis serait déchirée par le président du bureau, et le vote, renfermé dans la seconde enveloppe cachetée, serait jeté dans l'urne du groupe auquel appartiendrait l'électeur. Enfin, les électeurs qui s'abstiendraient de voter auraient à verser la valeur de dix journées de prestation dans la caisse du Bureau de bienfaisance de leur commune ou chef-lieu de canton. (Article 14 du projet.)

A. Je me demande si tout cela est bien pratique. Supposons que dans chacune des 37,000 communes il y ait un officier ministériel (1er groupe), ou un officier en retraite ou démissionnaire (2e groupe), ou un licencié de l'une des facultés, ou un instituteur primaire (1er et 3e groupe), ou un ouvrier ou un patron, membres du Conseil des prud'hommes (6e groupe), ou un membre d'un Bureau de bienfaisance ou d'une Commission d'hospices (7e groupe), ou un prêtre régulièrement institué et approuvé et non interdit (9e groupe); il faudra que, sous peine d'une amende de dix journées de travail (15 à 18 fr.), cet électeur se transporte, à *ses frais*, au chef-lieu de l'arrondissement ou qu'il mette en mouvement maire, sous-préfet, président de bureau, pour remplir les formalités de réception, légalisation, timbrage et transmission du bulletin cacheté sous double enveloppe. Combien de chances d'erreurs! combien de bulletins égarés en route ou jetés dans une urne au lieu d'une autre!

B. Je n'examinerai pas ce qu'on peut entendre, législativement parlant, par les *intérêts des pauvres*, et s'il est bien nécessaire de leur donner dix places au Sénat. Mais quel pourrait être, pour ces dix places, le choix des membres de Bureaux de bienfaisance, ou de Commissions des hospices, ou de Sociétés de secours mutuels, ou de Sociétés de bienveillance, répandus sur toute la surface du territoire, par conséquent isolés entr'eux, inconnus les uns aux autres et appelés, à un jour donné, à former une liste de dix noms?

Même question pour les *vingt délégués* (dont dix patrons et dix ouvriers), chargés de représenter les *intérêts des ouvriers*, et qui seraient élus par les membres des Conseils de prud'hommes.

Au surplus, les électeurs de chaque groupe appelleraient des observations analogues ou plus graves encore. Ainsi :

C. Sans compter ce qu'il y a de bizarre à faire nommer les dix délégués de l'armée de terre et de mer par des officiers retraités ou démissionnaires, qui ont cessé d'avoir intérêt aux *choses militaires*, et de restreindre leur choix sur des officiers généraux appartenant à la deuxième section du cadre d'activité, c'est-à-dire âgés de 62 ou 65 ans, quelle entente possible y aurait-il entre ces électeurs ayant appartenu à des armes différentes, imbus d'idées spéciales à chacune d'elles, et où les représentants de l'infanterie l'emporteraient par le nombre sur ceux de toutes les autres armes réunies ?

D. Et les intérêts judiciaires! Avant 1871, la magistrature comptait, avec les juges de paix et leurs suppléants, 13,635 membres, parmi lesquels 7,108 juges suppléants de 1re instance ou de justice de paix. D'autre part, il y avait 25,765 avocats, avoués, notaires, huissiers. Comment l'entente peut-elle s'établir entre des éléments si divers et si inégaux?

E. Et les intérêts de l'instruction publique! Alors que les seuls instituteurs dépasseraient très-probablement en nombre tous les autres électeurs du même groupe.

Je crois en avoir dit assez pour être autorisé à conclure que, dans son ensemble, le système de M. Pradié est inacceptable.

Art. 6. Les éligibles désignés aux paragraphes 1, 4 et 12 de l'article précédent (1) déclareront, dans les quinze jours qui suivront les élections, s'ils acceptent les fonctions de Sénateur ; leur silence équivaudra à un refus. Leur acceptation entraînera, de plein droit, la démission des emplois qu'ils occupaient.

(1) C'est-à-dire : 1° les membres de l'Assemblée des Représentants... 4° les conseillers d'État, les membres de la Cour de cassation et de la Cour des comptes... 12° les préfets en activité de service.

L'article 28 du projet Pradié porte également que les membres élus du Sénat doivent renoncer à leurs fonctions ; mais il ajoute qu'ils les reprendront à l'expiration de leur mandat et que la durée de ce mandat profitera à leur avancement et sera comptée pour la liquidation de leur pension.

— A l'égard de cet article, je reconnais qu'il y a incompatibilité entre les deux mandats de sénateur et de représentant, et qu'un préfet de département en exercice ne peut remplir à la fois sa fonction administrative et son mandat sénatorial. J'accepterais donc cette partie de l'article: seulement je m'étonne du silence qu'il a gardé à l'égard des généraux de division et vice-amiraux en activité de service et des gouverneurs des colonies. Placés à la tête d'une division ou d'un corps d'armée, d'une escadre, d'une division maritime ou d'une colonie, les uns et les autres sont soumis aux mêmes exigences de service et de résidence que les préfets, ils devraient donc subir la même condition.

Quant aux conseillers d'État, membres de la Cour de cassation et de la Cour des comptes, leurs fonctions les retiennent à Paris, c'est-à-dire un jour ou l'autre au siége du Gouvernement et des Chambres, et aujourd'hui même dans leur voisinage immédiat. Je ne vois donc aucune raison pour leur imposer une alternative qui tournerait au détriment de l'État, car il est peu probable qu'ils abandonnassent des fonctions inamovibles ou mieux rétribuées pour le mandat de sénateur.

= En ce qui concerne le projet de M. Pradié, outre les mêmes inconvénients, il en présenterait encore d'autres : car, en autorisant les sénateurs sortants à reprendre leur fonction et leur rang d'ancienneté, comme aussi à compter pour la pension le temps pendant lequel ils n'auront pas servi dans les corps auxquels ils appartenaient, — il jette de l'incertitude sur l'avancement, — il suppose des vacances qui n'existeront pas toujours, — il grève le budget, — puisqu'ils n'auront pas subi de retenues sur leur traitement pendant la durée du mandat sénatorial. J'adopterais donc l'article, mais en l'amendant dans le sens des observations qui précèdent et j'y ajouterais les deux dispositions suivantes :

« A. Les fonctionnaires publics membres du Sénat ne peuvent être pro-
» mus tant qu'ils feront partie de la législature.

» B. Le traitement ne peut être cumulé avec l'indemnité sénatoriale;
» mais il se confond avec elle jusqu'à due concurrence. »

CHAMBRE DES REPRÉSENTANTS (1).

Art. 7. Chacun des trois cent soixante-deux arrondissements de la France, y compris le territoire de Belfort, nomme un Représentant. Toutefois, les arrondissements dont la population dépasse 100,000 habitants, éliront autant de Représentants qu'il y aura de fois 100,000 habitants ; toute fraction supplémentaire comptant comme 100,000 habitants (2).

La répartition ne pourra être modifiée qu'en vertu du recensement quinquennal de la population et par une loi (3).

Il est attribué deux Représentants à chacun des deux départements de l'Algérie (4) et un à chacune des six colonies de la Réunion, la Martinique, la Guadeloupe, le Sénégal, la Guyane et l'Inde française.

(1) Voici en quels termes s'exprime l'*Exposé des motifs* :

« La constitution de la Chambre des Représentants offre un problème beaucoup plus simple. Un nombre d'environ 500 membres sera élu directement par le suffrage universel. Le fonctionnement de ce système électoral, les conditions de la capacité d'élire et d'être élu donnent naissance à de nombreuses questions qui doivent être résolues par la loi des élections et ne sauraient trouver place ici. Une seule question nous a paru devoir être immédiatement tranchée par la loi qui pose les bases principales de nos prochaines institutions.

» En ouvrant l'entrée de la seconde Chambre à tout citoyen âgé de vingt-cinq ans, pourvu qu'il soit électeur, nous devons dire, dès à présent, la raison qui nous a déterminés en fixant le nombre des représentants. Cette raison, la voici. Il y aura autant de députés que d'arrondissements électoraux. Ces arrondissements seront : d'abord tous les arrondissements administratifs qui éliront chacun un représentant, ce qui donnerait déjà un tota de 362 ; puis, tous ceux de ces arrondissements dont la population excède cent mille âmes seraient divisés par la loi en circonscriptions électorales, à chacune desquelles une élection serait attribuée, de manière que chaque arrondissement administratif aurait au moins un député, et que les plus peuplés en auraient deux ou plusieurs, selon l'importance de leur population. Ce procédé, avec l'adjonction des députations françaises étrangères à l'Europe, porterait la Chambre des Représentants au chiffre de 537.

» Ce système, qui paraîtra nouveau, a cependant en d'autres temps été recommandé, après de mémorables discussions, par les plus grandes autorités, et une assez longue expérience en a montré tous les avantages. Ces avantages sont tels que nous n'avons pas hésité à le préférer au système plus récemment admis du scrutin de liste.

» Nous devons d'abord remarquer que, dans tous les pays célèbres par leur liberté, on se garde de donner à élire une députation nombreuse à chaque corps électoral. « La loi américaine, dit un écrivain qui fait auto-
» rité, veut qu'on ne nomme jamais qu'un député à la fois ; il n'y a pas
» de scrutin de liste... Il faut que les électeurs ne choisissent qu'une per-
» sonne et connaissent bien la personne qu'ils choisissent. »

» S'il est, en effet, en matière d'élection, une idée simple et incontestable, c'est qu'il importerait que l'électeur agît avec discernement. Si cette condition ne peut être entièrement remplie, elle sera plus près de l'être quand on peut s'assurer qu'il connaîtra au moins de réputation celui auquel il donne ou devrait donner sa confiance avec sa voix. Or, l'électeur et l'élu se connaîtront d'autant mieux l'un l'autre, qu'ils seront plus rapprochés, et ce rapprochement est d'autant plus nécessaire que le corps électoral est plus nombreux. Plus l'élection est populaire, plus il est à craindre que ces conditions ne soient pas remplies, et c'est à la loi d'y pourvoir. Elle n'y pourvoit nullement en autorisant le scrutin de liste, lorsque les députés à élire sont nombreux. Il soumet, ou plutôt il impose à des masses qui les ignorent une suite infinie de noms désignés arbitrairement, tantôt par les partis, tantôt par l'autorité; et les masses sont obligées de les accepter sur parole, de les adopter avec une aveugle indifférence, à moins qu'à la voix d'un parti elles ne cèdent à ces passions politiques qui sont une autre espèce d'aveuglement. Dans un pareil système, la plupart des électeurs votent l'inconnu. Les candidats, dont les noms parviennent souvent pour la première fois aux oreilles de la population, ne se recommandent plus par la réputation acquise, par la notoriété locale, par des antécédents qui aient eu le public pour témoin. Leur seul titre est l'adoption de leur nom par un comité central qui ne tient nul compte des diversités d'opinions et d'intérêts que présente un département dans toute son étendue. Le vœu des minorités n'a aucune chance de se faire jour, et l'esprit de parti domine sans résistance. Dans notre opinion, une grande partie des critiques dirigées contre notre système électoral doivent être adressées au scrutin de liste.

» Il n'en est pas de même de l'élection par arrondissement. Elle est favorable aux influences permanentes de la société. Elle leur fait une juste part dans la représentation, qu'elle rend plus complète et plus vraie. Elle sert le suffrage universel en l'éclairant davantage sur ses choix. La volonté des électeurs est plus libre, leur choix est plus spontané, et il se forme entre eux et leurs élus un lien plus étroit, plus intime. Le plus souvent, ils sont connus dès longtemps et ils ne deviendront pas étrangers les uns aux autres après l'expiration du mandat. Aussi les devoirs du mandataire envers ses commettants s'imposent-ils à lui d'une manière plus distincte. Il a besoin de conserver toujours ses droits à leur estime, et l'honneur de son avenir dépend de la conduite qu'il aura tenue pendant la durée de sa mission. Lui aussi il ménage la popularité, mais la bonne, la vraie, la popularité durable.

» Le Gouvernement recommande donc avec instance à l'attention de l'Assemblée l'élection par arrondissement. Il y voit le moyen le plus efficace d'écarter les inconvénients que l'on a pu reprocher à la pratique ordinaire du suffrage universel, et la meilleure digue à opposer à ces entraînements de l'opinion qui inspirent de si vives alarmes. Il ne fait aucune difficulté de déclarer que, si le système qu'il propose n'était pas adopté, il regarderait comme sérieusement compromis le succès de l'œuvre de réorganisation politique que vous allez entreprendre.

» Telle est donc la constitution de la Chambre des Représentants. Ses membres seront élus directement par le suffrage universel, chacun dans une circonscription spéciale. La Chambre sera renouvelée intégralement tous les cinq ans. »

(2) Il y a quelque chose de très-spécieux, il faut le reconnaître, à prendre l'arrondissement pour base du calcul des électeurs. Cependant rien n'est plus variable en réalité que cette base, et les objections viennent en foule.

A. Sur 362 arrondissements, vous n'en avez que 127 dont la population dépasse 100,000 habitants.

B. Parmi les 235 autres arrondissements, 44 ont moins de 50,000 habitants, et cependant chacun d'eux nommerait son député. Par exemple le département des Basses-Alpes compte cinq arrondissements dont aucun n'a 50,000 habitants; sa population totale n'est que de 143,000 habitants; cependant il nommerait cinq députés, tandis que la même population, agglomérée dans un seul arrondissement, n'aurait droit qu'à *deux députés.*

C. Autre anomalie : j'ai calculé que quatre-vingt-sept arrondissements, (les plus peuplés puisqu'ils représentent 17,900,000 âmes, c'est-à-dire la moitié de la population totale) ne nommeraient que 210 représentants, tandis que l'autre moitié de la population répartie entre deux cent soixante-quinze arrondissements, nommerait 315 représentants; ce qui constituerait une faveur et une disproportion énormes.

D. Accorder deux députés à l'arrondissement qui comptera 100,370 habitants (Aubusson) comme à celui qui en compterait 199,900, n'est-ce pas encore là une égalité factice et contre laquelle la raison proteste? Précédemment, on n'accordait un député en plus qu'autant que *la moitié* de l'espace intermédiaire était franchie. Étant donné, par exemple, 100,000 habitants, comme unité, 151,000 habitants auraient donné droit à deux députés, 251,000 habitants à trois députés et ainsi de suite. Mais il est bon de dire que si l'on revenait à ce système, le chiffre proposé pour la Chambre des Représentants serait singulièrement abaissé; je n'ai fait la vérification qu'entre 100,000 et 200,000 habitants, mais j'ai trouvé déjà quatre-vingt-sept arrondissements ayant plus de 100,000 habitants et moins de 150,000 habitants, * qui, par conséquent se trouveraient dépouillés de la double élection.

E. Pourquoi ne pas revenir à la base la plus juste et proportionner le nombre des députés d'un département à sa population avec la tolérance indiquée plus haut (D)? La population de la France, 36,600,000 habitants, divisée par le nombre de 488 députés pour la France continentale, donnerait environ 75,000 habitants comme unité. Rappelons-nous que, sous Louis-Philippe, la population était (à un million près) égale à celle que nos malheurs nous ont laissée. Eh bien, la Chambre des députés

* Dix-neuf ont moins de 110,000 habitants, — vingt-quatre de 110 à 120,000, — quinze de 120 à 130,000, — dix-huit de 130 à 140,000, — enfin onze de 140 à 150,000.

comptait 459 députés; et je n'ai pas mémoire que les circonscriptions électorales établies par la loi du 19 avril 1831, aient jamais soulevé des plaintes. Rien ne serait, d'ailleurs, plus facile que de les modifier suivant les exigences de la nouvelle Chambre. Le seul département de la Seine donnerait au moins vingt-deux représentants au lieu de quatorze qu'il fournissait alors.

(3) Il est parfaitement entendu que la répartition ne pourrait être modifiée qu'en vertu d'une loi. C'est le meilleur moyen d'éviter les scandales qui ont soulevé tant de récriminations pendant le deuxième Empire. La révision devrait-elle être quinquennale? Il est permis d'en douter; le tableau annexé à la loi de 1831 n'a point été modifié pendant les 18 années du règne de Louis-Philippe.

(4) Je trouve que deux représentants par chaque département de l'Algérie, c'est beaucoup et qu'un seul suffirait. Mais il me semble que l'on pourrait bien en donner un à la Cochinchine.

Art. 8. L'élection des Représentants se fait par le vote direct de tous les électeurs de l'arrondissement (1). L'arrondissement qui aura plusieurs Représentants sera divisé en autant de sections (2) qu'il aura de Représentants. Les sections seront formées par agglomération de cantons. Elles ne pourront être établies et modifiées que par la Loi (3).

(1) Notre article établit ainsi le *scrutin individuel* que le Gouvernement recommande si vivement et avec tant de raison dans son Exposé des motifs: j'espère que l'Assemblée n'hésitera pas à le suivre dans cette voie.

Après le 4 septembre, le souvenir des inconvénients que le scrutin de liste avait pu présenter de 1848 à 1851 était un peu effacé: et l'on avait, au contraire très-présents à l'esprit les abus du mode de votation établi par l'Empire. On était donc disposé à imputer au vote individuel ce qui n'était que la conséquence de l'abus des candidatures officielles combiné avec le remaniement arbitraire des conscriptions électorales.

— On devait craindre, cependant, que le scrutin de liste ne favorisât beaucoup plus que le scrutin individuel les manœuvres des partis; — qu'il ne neutralisât en fait l'utilité des réunions électorales préparatoires, en égarant la discussion, non plus sur deux ou trois noms, mais sur deux ou trois listes contenant chacune autant de noms qu'il y aurait de représentants à nommer dans chaque département; — qu'il ne condamnât les électeurs illettrés à une confiance par trop aveugle, puisque le contrôle de la liste qu'on leur mettrait dans la main serait bien plus difficile que celui d'un bulletin individuel. A ces craintes, il y avait lieu d'ajouter qu'un électeur sachant lire et écrire et d'une intelligence ordinaire peut faire un ou deux choix, mais qu'il est absolument incapable d'en faire *avec discernement* six, douze ou vingt; qu'il sortirait tout ahuri des assemblées préparatoires où tant de candidatures se seraient croisées et que des élections ainsi menées risquaient fort de représenter *la roue de la fortune.*

— Mais les partisans du scrutin par listes répondaient que, dans les départements, il empêchait la pression administrative, débarrassait les électeurs des notabilités de clocher et les candidats de l'influence de ces animosités locales qui empêchent souvent l'homme le plus distingué d'être « prophète en son pays »; que, d'ailleurs, il se formerait nécessairement des listes de conciliation dont le résultat attribuerait à chaque opinion une représentation proportionnelle, ou à peu près, à son influence dans le département.

— Est-ce que ces belles espérances, si elles avaient pu entraîner un certain nombre d'esprits, n'ont pas dû s'évanouir après les élections de février 1871, après les renouvellements partiels qui ont eu lieu ultérieurement? Et d'abord, quelle pression administrative le scrutin de listes a-t-il évitée au moment des élections générales? Je m'en rapporte à tous ceux qui ont lu, à cette époque, les débats de l'Assemblée, notamment sur les élections du Vaucluse. Ces débats n'ont-ils pas, au contraire, démontré (ce que la logique indiquait, d'ailleurs) que l'action administrative pouvait s'exercer avec d'autant plus de force et d'ensemble que tous ses efforts se concentreraient sur une seule liste. Il n'est ni plus long ni plus difficile de recommander dix noms pris ensemble qu'un seul. Cela, au contraire, économise le temps, dispense des motifs ou prétextes individuels, etc. etc., et le travail de l'Administration, au lieu d'être multiplié par le nombre des candidats est à la fois abrégé et simplifié par la *« liste unique »*.

2° Quelles *listes de conciliation* a-t-on établies et quels résultats ont-elles produits? Il serait assez difficile de faire une appréciation de ce qui s'est passé en province. Mais, à Paris, les électeurs modérés ont bien accepté une liste de fusion et ils ont donné leurs voix à MM. Louis Blanc, V. Hugo, Edg. Quinet; ce qui a permis à ces trois candidats de prendre la tête de la liste: mais les électeurs violents n'ont accepté aucun des candidats de cette même liste, ni des autres listes modérées; et M. Thiers, par exemple, n'a recueilli que les voix des siens.

C'est encore ce que la logique et l'expérience auraient dû faire pressentir. Les violents, les exagérés, *l'Internationale*, *le Rappel* et leurs adeptes sont essentiellement exclusifs. « *Qui n'est pas avec eux est contre eux* ». Les modérés, seuls disposés à la conciliation, sont donc prédestinés à être dupes.

En outre, le but de la conciliation est de réduire le nombre des listes à deux ou trois tout au plus, qui ne se distingueraient que par quelques nuances de détail, mais où les chefs reconnus des partis seraient inscrits d'un commun accord, sincèrement arrêté, fidèlement exécuté. Au lieu de cela, qu'avons nous vu à Paris ? D'abord, *vingt-cinq* listes dressées soit par un journal isolé, soit par des groupes de journaux, soit par des groupes d'électeurs. Puis, à la suite, une profusion de candidatures individuelles : de telle sorte que, d'après le *journal Officiel* du 11 février 1871, le nombre total des candidats a dépassé 3,000. Aussi le travail de dépouillement a-t-il présenté des difficultés inextricables et des chiffres fantastiques. Il a nécessité l'emploi de plus de 8,000 scrutateurs; il a duré près de neuf jours; il a porté, pour les seuls candidats élus, sur 5,105,355 noms; et pour les 125 candidatures qui, seules, ont été relevées dans le procès-verbal officiel du 19 février, sur le chiffre fabuleux de 8,823,584 noms. Si l'on ajoute à ces chiffres qu'aucun des élus n'a réuni la majorité absolue des électeurs inscrits (les deux cinquièmes s'étant abstenus); que, sur 43 députés, 6 seulement ont obtenu la majorité absolue des votants et le dernier n'a atteint qu'à grande peine le minimum légal, n'est-on pas forcé de reconnaitre que de pareilles élections n'offrent que l'image du chaos et que le système dont elles sont le résultat est un système condamné * ?

3° Quant aux *notabilités de clocher*, il faut reconnaître, expérience faite, qu'elles valent bien les notabilités de l'émeute, des clubs et de l'Internationale, comme celles que les élections de Paris, et des grandes villes ont trop souvent mises en lumière. Pourquoi donc, d'ailleurs, chaque circonscription électorale ne serait-elle pas représentée par l'homme de son choix, qui sera né au milieu d'elle, dont elle connaîtra la famille, les antécédents, la moralité, plutôt que par ces champignons électoraux que le caprice des partis fait naître et qui sont expédiés sous le patronage des journaux, par les Comités Directeurs de la capitale ou des grandes villes ?

Si l'on a véritablement pour le suffrage universel ce respect que les partis affichent, hélas ! beaucoup plus qu'ils ne le pratiquent, ne doit-on pas laisser à chaque partie du pays, sa libre expansion et sa représentation librement choisie ?

(2) Je préfèrerais le mot circonscription, d'abord parce qu'il me paraît plus exact et ensuite parce qu'il était passé dans la langue politique.

(3) On sait que depuis la loi de l'an VIII, qui a créé les arrondissements

* Le nombre des électeurs inscrits étant de 545 600, 328 970 ont participé au vote ; donc 216 630, ou les deux cinquièmes, se sont abstenus.

La majorité absolue des inscrits étant de 272 801 voix, M. Louis Blanc, le premier élu, n'a obtenu que 216 530 voix, c'est-à-dire 56 271 voix de moins que cette majorité.

Le septième élu n'a déjà plus que 154 379. Les dix-neuf derniers varient de 95 851 à 69 968 ; et le dernier dépasse à peine le *huitième légal*, qui est de 68 401.

administratifs, jamais leur nombre ne s'est trouvé en concordance avec celui des députés. Aussi la force des choses a-t-elle amené la création de circonscriptions électorales ou *arrondissements électoraux* distincts des arrondissements administratifs. Pour n'en citer qu'un exemple, emprunté au régime parlementaire et au règne de Louis-Philippe, la loi du 19 avril 1831 ayant fixé le nombre des députés à 459, alors qu'il n'y avait que 388 arrondissements administratifs, les a distribués entre les divers départements et a divisé ces derniers en 459 circonscriptions électorales dont elle a pris soin de dresser le tableau (*Duvergier*, ann. 1831, p. 201). De cette manière, il n'y avait ni confusion ni arbitraire possibles. Dans le cas où des changements importants seraient survenus dans la composition et la population des départements, le nombre et la distribution des députés, la division des circonscriptions électorales restait dans le domaine exclusif du législateur; et lui seul pouvant y apporter des modifications, tous les intérêts légitimes étaient sauvegardés.

— C'est à ce régime que le Coup d'État du 2 décembre 1851 avait prétendu nous ramener. Malheureusement, il l'a complètement faussé en conférant au pouvoir exécutif *seul* le droit de diviser les départements en circonscriptions électorales égales en nombre aux députés à élire et d'en réviser le tableau tous les cinq ans.

On sait ce qui a suivi. Les révisions quinquennales ont été faites, non pas à raison des mutations survenues dans la population, mais exclusivement dans l'intérêt de la politique électorale. Les relations entre les divers cantons étaient brisées au fur et à mesure qu'elle se formaient. On mélangeait systématiquement les populations urbaines avec les cantons ruraux; on découpait les arrondissements en bandes longitudinales; les abus du régime sont devenus tels qu'ils ont formé l'un des principaux griefs contre le gouvernement déchu.

— Mais tous ces abus et les griefs légitimes qu'ils ont soulevés ne sont pas *inhérents* au système des circonscriptions électorales. Il suffit, pour y remédier, d'enlever à l'Exécutif le pouvoir exorbitant qu'il s'était arrogé par le décret du 2-21 février 1852; et de considérer la création des circonscriptions électorales comme une annexe nécessaire de la loi électorale, émanant, comme celle-ci, du pouvoir législatif et ayant droit aux mêmes garanties que la loi elle-même.

Il est évident, d'autre part, qu'une révision *périodique* est parfaitement inutile. Si la première division est conçue dans un bon esprit, c'est-à-dire en dehors de toutes préoccupations politiques ou gouvernementales et en ne consultant que le chiffre des populations, les situations géographiques et la facilité des communications, il n'y aura plus lieu d'y toucher qu'à de rares intervalles.

DU PRÉSIDENT (1).

Art. 9. Le Président de la République doit avoir quarante ans au moins (2) et jouir de ses droits civils, politiques et de famille (3). (Art. 2, § 2 du Projet.)

Addition proposée. — « *Il ne peut être élu parmi les membres des familles qui ont régné sur la France* (4). »

(1) Exposé des motifs. — « Il nous reste à vous entretenir, messieurs, du pouvoir exécutif. C'est la question qu'on a regardée longtemps comme la plus grave difficulté de l'institution d'une République dans les grands États. Heureusement de nombreux exemples, notre propre expérience, et surtout les nécessités qui pèsent sur un vieux et important pays comme le nôtre, celles enfin qui dérivent de sa position géographique, lèvent les principaux doutes qui ont rendu longtemps la science incertaine. Ainsi, l'on ne conteste plus que le pouvoir exécutif tout entier, ce grand ressort du gouvernement, doive être commis à un magistrat unique, dont l'origine soit élective, la responsabilité réelle, la mission temporaire. Nous vous proposons de fixer à cinq ans la durée du pouvoir du Président de la République. Il devra avoir au moins quarante ans ; il sera rééligible. Il nous semble que tous ces points sont hors de la discussion.

» Ses attributions ne donneront pas lieu à de beaucoup plus longs débats. Elles avaient été fixées d'une manière satisfaisante par la Constitution de 1848. Plus encore qu'aucun texte de loi, les habitudes et les besoins de la France obligent à concentrer dans les mains du premier magistrat des pouvoirs très-étendus et très-divers, qui sont localisés sans inconvénient en d'autres pays. Mais parmi nous l'unité d'action du Gouvernement est la condition absolue du salut public. C'est là encore un point sur lequel nous ne prévoyons pas de grandes contradictions.

» Trois modes d'élection à la Présidence de la République peuvent être proposés.

» Le premier est l'élection directe par le suffrage universel.

» Ce mode, déjà éprouvé, n'a pas laissé un souvenir qui le recommande.

» Il est évident qu'il confère à un pouvoir responsable devant les Chambres une supériorité morale sur ces Chambres mêmes. Le suffrage universel concentré sur un seul homme fait de lui comme une personnification de la souveraineté nationale. Une telle inégalité ne saurait être sans danger introduite entre les pouvoirs publics.

» C'est ici qu'il faudrait au moins recourir aux deux degrés d'élection. Tel est le mode employé aux États-Unis, où des électeurs nommés dans chaque État en nombre égal à celui de ses représentants et de ses sénateurs au Congrès, votent pour l'élection du Président. Si aucun candidat n'a la majorité voulue, la Chambre des Représentants, votant par État, choisit entre les trois noms qui ont eu le plus de voix.

» Nous avions d'abord penché pour une imitation de ce système, et sans doute elle pouvait être justifiée par plus d'un spécieux argument. Mais nous avons considéré que, sous des apparences différentes, ce procédé n'était à beaucoup d'égards qu'une reproduction déguisée du suffrage direct. En choisissant l'électeur du Président futur, on ne peut s'empêcher de se poser une question unique : « Quel Président élira-t-il ? » Le mandat impératif devient donc la conséquence forcée de ce mode d'élection, et alors le suffrage universel désignerait indirectement, mais aussi impérativement que s'il était direct, celui qu'il appellerait à la suprême magistrature. En Amérique, on sait quel sera l'élu avant que le collége pour l'élection présidentielle soit assemblé.

» Nous nous sommes donc décidés pour un troisième mode d'élection qui admet deux degrés, mais qui, en assurant au Président une incontestable indépendance, ne le place à aucun égard au-dessus des deux Chambres, et ne peut ni lui inspirer la tentation ni lui donner les moyens de les dominer. Suivant nous, le Président sera élu par les deux Chambres réunies, auxquelles le choix de chacun des Conseils généraux ajoutera trois membres élus. Cette réunion devra s'appeler le *Congrès présidentiel*. On remarquera que c'est encore une élection à deux et même à trois degrés, et qu'ainsi le suffrage de la nation entière reste la source commune de tous les pouvoirs électifs ».

» Le Président, qui devra être âgé d'au moins quarante ans, sera élu pour cinq années comme la Chambre des Représentants. Ses pouvoirs expireront au début périodique de toute législature nouvelle. Mais ils seront continués de droit pendant la période électorale, et jusqu'à ce que le Congrès présidentiel ait terminé ses opérations, qui devront commencer aussitôt que les deux Chambres seront constituées. »

(2) D'après la Constitution de 1848, l'âge exigé pour la Présidence n'était que de trente ans. A mon avis, c'était un tort. La Présidence est la plus haute fonction de la République ; c'est donc le couronnement d'une carrière. Elle demande une expérience des hommes et des affaires que l'âge de trente ans ne comporte pas. Les personnes qui aiment à se payer de mots invoqueront peut-être les droits du génie. Sans méconnaître l'existence de ces hommes privilégiés, on peut répondre : 1° qu'ils sont très-rares et qu'on ne fait pas des lois pour des exceptions ; 2° que le génie n'est pas nécessaire à l'exercice d'une fonction temporaire, qu'il faudra quitter pour rentrer dans la vie privée.

La Constitution de l'an III (art. 134) exigeait, comme le projet actuel, l'âge de quarante ans pour être nommé directeur. La Constitution des États-Unis se contente de trente-cinq ans ; mais si nous voulons juger du mérite de cette disposition par l'expérience et la pratique, nous reconnaîtrons que depuis Washington (1789) jusqu'au Président actuel (Grant) aucun n'est arrivé à la Présidence avant l'âge de quarante ans. Le Président Grant a été nommé pour la première fois à quarante-sept ans ; le Président Pierce en avait quarante-huit ; *tous les autres avaient dépassé la cinquantaine.*

(3) Je n'aime pas beaucoup cette rédaction où le mot citoyen ne figure pas ; je préférerais celle-ci : « Jouir de la plénitude des droits de citoyen français. »

(4) En 1848, les citoyens Antony Thouret et de Ludre avaient proposé un paragraphe additionnel ainsi conçu : « Aucun membre des familles qui ont régné sur la France ne pourra être ni Président, ni Vice-Président de la République. » C'était supprimer de la manière la plus claire la candidature du citoyen Napoléon-Louis Bonaparte.

La Commission, après avoir examiné l'amendement, en demanda le rejet par ce double motif : « 1° Qu'il s'agissait non d'une question de principe, mais d'une question de personne ; 2° qu'avec un peuple comme le nôtre, une exclusion était une désignation. »

La discussion amena à la tribune le citoyen Napoléon-Louis Bonaparte. Voici la déclaration qu'il y fit :

« *Citoyens Représentants*, dit-il, *je ne viens pas ici pour parler contre l'amendement. J'ai été assez récompensé en recouvrant tout à coup mes droits de citoyen pour n'avoir maintenant aucune autre ambition. Je ne viens pas non plus réclamer, pour ma conscience, contre les calomnies et le nom de Prétendant qu'on me donne ; mais c'est au nom des trois cent mille électeurs qui m'ont nommé par trois fois que je désavoue complètement ce nom de Prétendant qu'on me jette toujours à la tête.* »

Le citoyen Antony Thouret dit alors : « Citoyens Représentants, en présence des très-courtes paroles que vous venez d'entendre, je comprends l'inutilité de mon amendement, et je le retire. » Le citoyen de Ludre ayant déclaré qu'il persistait, l'amendement fut mis aux voix et rejeté à la presque unanimité.

Lors de la seconde discussion, le citoyen Antony Thouret reproduisit son amendement. Le Gouvernement le combattit par l'organe des citoyens Dufaure et Cavaignac, et l'Assemblée le rejeta de nouveau.

— Faut-il, après le Coup d'État de 1851 et ce qui l'a suivi, discuter encore cette question ? et ne regardera-t-on pas l'expérience de 1848 comme suffisamment décisive ?

Tout Président, né d'une famille qui a régné en France, pays de fonctionnarisme et où la clientèle administrative est immense, serait fatalement voué aux mauvais conseils des adversaires de la République.

Leur offrir cette chance de plus, ce serait le comble de l'imprudence.

Ne nous exposons donc plus à entendre une déclaration pareille à celle que j'ai transcrite plus haut, pour la voir démentie par les événements dont chacun de nous a gardé le douloureux souvenir.

Souvenons-nous, d'ailleurs, que les lois d'exil qui frappaient, en 1848, les deux branches de la Maison de Bourbon ayant été rapportées, et les Bonaparte n'étant pas exilés, cette disposition acquerrait aujourd'hui d'autant plus d'à-propos.

N'oublions pas non plus que, parmi les causes qui ont fait éclater l'explosion de la Commune de Paris, on doit compter le bruit répandu si à propos par les meneurs, dans la garde nationale et les masses parisiennes, que le duc d'Aumale, déjà membre de l'Assemblée, venait d'être nommé chef du pouvoir exécutif; et nous demeurerons convaincus que l'exclusion proposée ici ne peut être contestée que par des monarchistes, dans une arrière-pensée facile à comprendre.

Supposons en effet qu'aujourd'hui, après l'abdication politique des princes de la famille d'Orléans et la visite du 5 août, le comte de Chambord soit nommé Président et investi de toutes les forces nationales par la mise en possession du pouvoir exécutif, qui s'opposerait à une seconde édition du 2 décembre 1851 ?

Art. 10. Le Président est élu pour cinq ans (1); il peut être réélu (2). (Art. 3, § 2 du Projet.)

(1) Aux termes de la Constitution de 1848, la durée des fonctions du Président était fixée à quatre années, tandis que la durée de la législature était de trois années seulement (art. 31). On n'avait pas voulu, sans doute, que les deux natures d'élections coïncidassent, pour éviter une trop forte secousse et la désorganisation simultanée qui aurait pu en résulter. Aujourd'hui que la nomination du Président ne serait plus confiée au suffrage universel, que la périodicité des élections partielles du Sénat le rendrait en quelque sorte perpétuel, les craintes à concevoir seraient beaucoup moindres. Néanmoins, je n'aimerais pas que les nominations de Président coïncidassent avec le renouvellement intégral de la Chambre des Représentants tels qu'il est proposé (tous les cinq ans). Dans ce cas, je préférerais une durée de sept années, dont l'expiration ne coïnciderait plus avec les élections de l'une ou de l'autre Chambre et qui laisserait au

Président plus de temps pour réaliser et mener à bien les améliorations qu'il aurait pu concevoir.

(2) Je ne voudrais pas que le Président pût être réélu immédiatement, si l'exclusion des princes des familles autrefois régnantes n'était pas votée ainsi que je le propose sous l'article précédent; et je proposerais, dans ce cas, d'en revenir à la Constitution de 1848 édictant que « *le Président ne peut être réélu qu'après un intervalle égal.* »

Art. 11. Le Président est nommé par un Congrès composé : 1° des membres du Sénat; 2° des membres de la Chambre des Représentants; 3° d'une délégation de trois membres désignés par chacun des Conseils généraux de France et d'Algérie dans leur session annuelle du mois d'août (1). Ce Congrès sera présidé par le Président du Sénat (2).

(1) Je serais très disposé à accepter en principe ce mode de nomination, surtout à cause de l'adjonction des Conseillers généraux. Mais je me permettrai une observation.

Le projet du Gouvernement n'admet que trois sénateurs par département; (en tout, avec les colonies, deux cent soixante-cinq) : mais dans ce nombre l'Algérie n'en fournit que trois et les autres colonies réunies en fournissent quatre. Si l'on ajoute trois Conseillers généraux par département, y compris l'Algérie, celle-ci en fournira *neuf* et les autres colonies n'en donneront plus aucun. Malgré cette anomalie qui portera le chiffre des Conseillers généraux a deux cent soixante-sept, on n'arriverait encore, par la réunion des deux chiffres qu'à celui de cinq cent trente-deux, inférieur aux cinq cent trente-sept votants que fournit la seule Chambre des Représentants; ce qui donnerait à cette dernière la prépondérance sur les deux autres éléments réunis. Y a-t-on suffisamment réfléchi ?

(2) Quelque soit le système qui doive être définitivement adopté à cet égard, le mode de nomination du Président sera l'un des points les plus vivement débattus; et peut-être nous saura-t-on gré de résumer les discussions de 1848.

L'Assemblée de 1848 a été très-divisée sur la question de la Présidence.

Un premier groupe voulait concentrer tous les pouvoirs entre les mains de l'Assemblée législative; le Président n'aurait plus été qu'une émanation de cette Assemblée. Nommé par elle pour un temps illimité, mais toujours révocable, chargé à son tour de nommer et de révoquer les ministres, il aurait pris le nom de Président du Conseil des ministres. C'était exactement, sauf le titre, la position de M. le général Cavaignac; car le général avait été élu, après les journées de juin, chef du pouvoir exécutif.

L'amendement qui formulait ce système fut rejeté par 643 voix contre 138.

La commission de Constitution s'était partagée elle-même en deux opinions.

« La minorité pensait qu'en faisant nommer le Président par le suffrage » universel on risquait de placer, en face de la représentation nationale, » un pouvoir égal, quoique différent; qu'on pouvait ainsi établir une » rivalité dangereuse, donner à la souveraineté deux expressions au lieu » d'une, rompre l'harmonie toujours si nécessaire entre l'autorité qui fait » la loi et le fonctionnaire qui en procure l'exécution; que, dans ce pays » surtout, le suffrage universel concentré sur un seul homme lui donnait » une puissance toujours sollicitée par des tentations fatales à la liberté. » La minorité aurait donc désiré remettre à l'Assemblée, délégataire de » la souveraineté du peuple, la nomination du Président de la République. » Elle croyait, par là, concilier à la fois ce qu'exige la rigueur des prin- » cipes et ce que commande la situation d'un régime nouveau. » (*Rapport » de M. Marrast.*)

« Cette opinion n'a point prévalu. La majorité a été convaincue que » l'une des conditions vitales de la démocratie, c'est la force du pouvoir. » Elle a donc voulu qu'il reçût cette force du peuple entier qui la donne, » et qu'au lieu de lui arriver par transmission intermédiaire, elle lui fût » donnée par une communication directe et formelle. Alors il résume sans » doute la souveraineté populaire, mais pour une fonction déterminée, » l'exécution de la Loi. La majorité n'a pas craint qu'il abusât de son indé- » pendance, car la Constitution l'enferme dans un cercle dont il ne peut » pas sortir. L'Assemblée seule demeure maîtresse de tout le système poli- » tique. Ce que le Président propose par ses ministres, elle a le droit de le » repousser; si la direction de l'administration lui déplaît, elle renverse » ses ministres; si le Président persiste à violenter l'opinion, elle le cite » devant la haute Cour de Justice et l'accuse. » (*Id.*).

Le partage qui s'était produit dans la Commission s'est renouvelé, bien entendu, dans la discussion publique. Le système de l'élection par l'Assemblée a été soutenu par MM. de Parieu, Leblond, Flocon et Martin de Strasbourg; et le système de l'élection par le suffrage universel l'a été par MM. de Tocqueville, Jules de Lasteyrie, de Lamartine, Saint-Gaudens et Dufaure.

Les divers motifs qui avaient été analysés dans le rapport de M. Marrast en faveur de l'une ou de l'autre opinion se sont représentés à la tribune; mais il en a surgi d'autres qu'il convient de résumer.

Ceux qui voulaient donner l'élection à l'Assemblée ont exposé qu'il ne fallait pas demander au suffrage universel et direct plus qu'il ne pouvait donner; que l'appréciation des qualités éminentes que devait réunir le chef du pouvoir exécutif et du mérite respectif des candidats à ces hautes fonctions était chose difficile; que jamais, soit aux États-Unis, soit en France, un choix aussi important n'avait été confié à l'élection directe; que, d'ailleurs, le pouvoir qui procéderait aujourd'hui du suffrage universel ne représenterait pas la même opinion que l'Assemblée qui avait déjà plusieurs mois d'existence; qu'il en résulterait de déplorables conflits; que le pays avait surtout besoin de calme et de confiance, et qu'il fallait éviter de le jeter dans de nouvelles agitations qui pourraient compromettre le sort de la République.

Les partisans de l'élection par le suffrage universel ont répondu que le système contraire offrait des dangers bien autrement sérieux ; que l'élection du Président par l'Assemblée serait considérée comme un acte de défiance vis-à-vis du pays, et compromettrait la popularité de l'Assemblée, et par suite son autorité morale et celle du Président lui-même; que, sans doute, la nomination du Président était l'acte le plus grave auquel fussent appelés les électeurs, mais qu'il ne fallait pas exagérer les difficultés qu'ils éprouveraient à discerner le candidat sur lequel devraient porter leurs suffrages; que les candidats sérieux à la première magistrature de la République seraient certainement des hommes qui, par leurs antécédents, les services qu'ils auront rendus au pays, se seront fait un nom populaire; que, sans doute, le système d'élection directe était nouveau, mais qu'il n'en résultait nullement qu'il fût inférieur à l'autre; qu'aux États-Unis l'élection à deux degrés n'a pas toujours fait arriver le plus digne; et que, chez nous, l'élection par le pouvoir législatif avait produit la triste administration du Directoire; qu'enfin, les conflits étaient possibles dans les deux systèmes; car, avec la nomination par le pouvoir législatif, le Président ne représenterait que l'opinion de l'Assemblée qui l'aurait élu, et non celle de l'Assemblée qui viendrait après.

La discussion a été close par un vote sur l'amendement proposé par M. Leblond, ainsi conçu : « Le Président de la République est nommé par » l'Assemblée nationale, au scrutin secret et à la majorité absolue des » suffrages. » Cet amendement ayant été rejeté par 602 voix contre 211, le système proposé par la Commission a définitivement triomphé.

Art. 12. Lorsqu'il y aura lieu à nommer le Président de la République, le Président du Sénat, *dans les huit jours*, convoquera les Sénateurs, les Représentants et les Conseillers généraux désignés.

Le délai pour la réunion n'excédera pas quinze jours.

Le Président de la République sera nommé à la majorité des suffrages.

Le Président du Sénat notifiera la nomination au Président de la République élu et au Président de la Chambre des Représentants (1).

(1) Dans quel délai se fera cette modification? Je propose d'ajouter : « *Dans les trois iours qui suivront la proclamation du résultat du* » *scrutin.* »

Autres Additions proposées. — Mais ce n'est pas tout :

A. Le Projet ne dit rien sur l'installation du Président. Je demanderais qu'elle eût lieu dans une réunion plénière des deux Chambres et dans un délai qui ne pourrait excéder cinq jours à partir de la notification.

B. Le Projet ne s'occupe pas des élections futures. La loi, suivant moi, devra le faire.

Je proposerais :

« A l'avenir, et un mois avant l'expiration des pouvoirs du » Président en fonctions, il sera procédé à l'accomplissement des » opérations ci-dessus, de manière que l'installation du nouveau » Président puisse avoir lieu le jour même de l'expiration des » pouvoirs de son prédécesseurs*. »

C. Le Projet ne parle pas du serment qui était exigé par la Constitution de 1848, avant la prise de possession. Je m'en étonne et je voudrais que cette omission fût réparée. Quoiqu'on ait pu dire de l'inutilité des serments « qui ne seraient faits que pour

* Ce mois se diviserait ainsi :

Pour les délais de convocation	15 jours.
Pour le vote et la proclamation du scrutin	7 —
Pour la notification	3 —
Pour l'installation	5 —
	30 jours.

être violés », je demanderai aux railleurs si la culpabilité morale du prince Louis n'a pas été singulièrement aggravée par la violation du serment qu'il avait prêté trois ans auparavant à la face de la France et du monde, et si lui-même ne le sentait pas clairement lorsque, dans sa Proclamation de septembre ou octobre 1851, il s'exprimait à peu près ainsi :

« On m'accuse de vouloir violer la Constitution. On oublie » donc que, seul entre tous, je lui ai prêté serment, etc. »

En conséquence, je demanderais qu'on en revînt à l'article de la Constitution de 1848 et que le serment fût ainsi conçu :

« En présence de Dieu et devant le Peuple français que vous » représentez, je jure de rester fidèle à la République et aux » lois, et de remplir tous les devoirs qu'elle m'impose. »

Certes, le peuple des États-Unis ne donne rien à la représentation extérieure et ne se paye guère de mots, ainsi qu'on pourrait le reprocher à d'autres nations. Cependant il a trouvé bon d'imposer à ses Présidents le serment suivant, avant la prise de possession : « Je jure solennellement que je remplirai fidèlement la charge de Président des États-Unis et que j'emploierai tous mes soins à conserver, protéger et défendre la Constitution des États-Unis. » Depuis l'immortel Washington, qui l'a prêté le premier en 1789, ce serment a été répété plus de vingt fois, et depuis quatre-vingt-quatre ans il a été régulièrement tenu. On pourrait adopter cette formule, avec l'espérance qu'elle nous porterait bonheur.

ORGANISATION DES POUVOIRS PUBLICS.

Art. 13. L'initiative des lois appartient aux deux Chambres et au Président de la République.

Les deux Chambres concourent également à la confection des lois. Toutefois, les lois d'impôts sont soumises d'abord à la Chambre des Représentants.

Art. 14. Chacune des Chambres est juge de l'éligibilité de ses membres et de la régularité de leur élection; elle peut seule recevoir leur démission.

ADDITIONS PROPOSÉES. — A. Les Assemblées sont permanentes.

Néanmoins, elles peuvent s'ajourner à un terme qu'elles fixent (1).

Pendant la durée de la prorogation, un comité de cinquante membres, pris par moitié dans chaque Assemblée, et composé : 1° des bureaux de chacune d'elles; 2° de membres élus au scrutin secret et à la majorité absolue, en nombre nécessaire pour compléter vingt-cinq commissaires par Assemblée, aura le droit de les convoquer en cas d'urgence (2).

Le Président de la République a le même droit (3).

(1) Avec deux Chambres, la question de prorogation devient délicate.

Dans son projet, article 24, M. Pradié donne à la Chambre haute « le droit de se proroger à une date qu'elle détermine après avoir formé une Commission dont font partie les membres de son bureau et qui aura le droit de la convoquer en cas d'urgence. » Mais il me paraît manifeste que cette prorogation ne pourrait être prononcée que d'accord avec l'autre Chambre. Autrement, on créerait au profit de celle qui serait pourvue de ce droit le privilége exorbitant d'arrêter, par sa seule volonté, la machine législative. Comment donc arriver à l'accord nécessaire? Celle des Chambes dans laquelle l'initiative de la proposition aurait été prise pourrait inviter l'autre par un message à en délibérer en déterminant le terme qui lui paraîtrait convenir. En cas d'accord sur la prorogation et sur le terme, l'autre Chambre enverrait un message de consentement, à la réception duquel le bureau de la Chambre initiatrice prononcerait la prorogation et ajournerait les deux Chambres à la date déterminée. En cas de désaccord, chaque Chambre nommerait un comité de vingt-cinq membres, y compris les membres de son bureau. Les deux comités réunis chercheraient la base d'un accord. En cas de réussite, ils proposeraient à leur Chambre respective la résolution qu'ils auraient arrêtée. Suivant qu'elle serait acceptée par les deux Chambres ou rejetée par l'une d'elles, la prorogation aurait lieu ou bien la session continuerait.

(2) Dans mon opinion, le comité de permanence pourrait être formé des deux comités qui auraient délibéré sur la prorogation.

(3) Je ne crois pas que cette disposition puisse soulever de difficultés sérieuses. Elle faisait partie de l'article 32 de la Constitution de 1848, dont elle formait le quatrième paragraphe.

La Commission de permanence n'étant investie d'aucun pouvoir législatif, il peut se présenter des circonstances urgentes dont le président soit le meilleur appréciateur, à raison même de sa position de chef du pouvoir exécutif, et desquelles il ne se soucie pas de prendre *seul* la responsabilité vis-à-vis du pays.

B. Les deux Assemblées, réunies en comité, déterminent le lieu de leurs séances (1).

Elles fixent également l'importance des forces militaires établies pour leur sûreté et elles en disposent (art. 32 de la Constitution de 1848, 5ᵉ et 6ᵉ alinéas).

(1) La Constitution de l'an III (art. 102 et suivants) conférait au Conseil des Anciens *seul* le droit de changer la résidence du Corps législatif et d'en indiquer une nouvelle. Le décret par lui rendu sur cet objet était irrévocable.

On sait trop quelles furent les conséquences de cette disposition imprudente. C'est grâce à la complicité du Conseil des Anciens avec le général Bonaparte et au décret que ce Conseil rendit pour ordonner la translation du Corps législatif à Saint-Cloud, que fut accompli le coup d'État du 18 brumaire.

Quant à la formation de ce *Comité*, on pensera sans doute qu'il ne devra pas consister dans la réunion générale des deux Assemblées, la disproportion du nombre entre elles s'y oppose, mais qu'il devra être composé comme il est dit dans l'article précédent, sauf à doubler ou tripler les nombres. Avant de procéder à l'élection de ses commissaires, chaque Assemblée aurait discuté dans ses bureaux ou comités le sujet de la délibération à prendre en commun. Ils arriveraient donc au Comité pleins des souvenirs de cette discussion récente, imbus de l'esprit de la majorité qui les aurait élus.

On pourrait donner la présidence du Comité au vice-président de la République, qui n'aurait voix délibérative qu'en cas de partage.

C. Les Représentants et les Sénateurs sont toujours rééligibles (1848, art. 33).

D. Les membres des Assemblées sont les représentants non des fractions territoriales qui les ont élus, mais de la France entière (1848, art. 34).

E. Ils ne peuvent recevoir de mandat impératif (1).

(1) C'était la disposition de l'article 35 de la Constitution de 1848. Mais, à raison du développement que cette fatale doctrine du mandat impératif a pris et menace encore de prendre, je trouve qu'elle serait aujourd'hui insuffisante et je proposerais de l'appuyer par une sanction pénale au

moyen de l'addition suivante : « A peine de nullité de l'élection, laquelle devra être prononcée par la Chambre à laquelle l'élu appartiendra.

» Dans le cas de récidive de la part du collége électoral, la Chambre » intéressée aura le droit, outre la nullité de l'élection, de prononcer » l'interdiction pour un temps qu'elle déterminera, mais qui ne pourra » excéder la durée d'une législature. »

F. Ils sont inviolables.

Ils ne peuvent être recherchés, accusés, ni jugés en aucun temps, pour les opinions qu'ils auront émises dans le sein des Assemblées.

Ils ne peuvent être arrêtés en matière criminelle, sauf le cas de flagrant délit, ni poursuivis qu'après que l'Assemblée à laquelle ils appartiennent aura permis la poursuite (art. 13 du Projet).

En cas d'arrestation pour flagrant délit, il en sera immédiatement référé à l'Assemblée intéressée, qui autorisera ou refusera la continuation des poursuites (1). (1848, art. 36 et 37.)

Lorsque les poursuites ont été autorisées, l'exécution des jugements ou arrêts qui viendraient à intervenir n'a pas besoin de l'être (2).

(1) Ces dispositions étaient suivies, dans la Constitution de 1848, d'une autre qui était ainsi conçue : « Cette disposition s'applique au cas où un citoyen détenu est nommé représentant. » Je l'ai supprimée, parce que je la trouve contraire au bon sens et qu'elle constituerait, à mon avis, un excès et une confusion de pouvoirs.

La disposition tout entière est due à la défiance que le pouvoir législatif peut avoir de certains agissements du pouvoir exécutif ou même du pouvoir judiciaire (en tant que subordonné de l'autre) vis-à-vis des membres des Assemblées.

Mais, avant l'élection, tout citoyen est égal devant la loi et devant le pouvoir judiciaire. Si sa détention a été ordonnée par une autorité compétente, un fait postérieur, tel que l'élection, ne peut réagir sur ce qui a été fait régulièrement. La raison politique n'est pas réputée avoir pu exister à l'époque de la mise en détention ; l'exception politique ne peut donc être invoquée.

(2) J'ai ajouté le dernier paragraphe, qui ne figure pas dans la Constitution de 1848. Il m'a été inspiré par des faits encore récents (affaire Rochefort).

Lorsque le pouvoir législatif, usant de son privilége constitutionnel, a autorisé les poursuites, il a, suivant moi, décidé que la législation ordinaire du pays devait suivre son cours. A partir de ce moment, il appartient au pouvoir judiciaire de l'appliquer et au pouvoir exécutif de prêter main-forte à la décision judiciaire; mais le pouvoir législatif n'a plus à intervenir. Lui donner le droit de suspendre l'exécution, comme il a eu celui de suspendre les poursuites, ce serait lui reconnaître un droit de révision, de cassation, qui sentirait le *bon plaisir* et affecterait gravement la notion de la *justice*.

G. Chaque membre des Assemblées reçoit une indemnité à laquelle il ne peut renoncer.

Cette indemnité est égale pour les deux Assemblées (1848, art. 38).

H. Les séances des Assemblées sont publiques. Néanmoins elles peuvent se former en comités secrets sur la demande du nombre de leurs membres fixé par leur réglement (1848, article 39) (1).

(1) Dans son projet, M. Pradié (article 26) propose d'ajouter : « Elles pourront même décider que le secret sera rigoureusement gardé. »

Je trouverais cette addition très-rationnelle. Il est seulement fâcheux, à mon avis, qu'elle paraisse nécessaire, grâce aux indiscrétions dont la Presse ne peut se rendre coupable qu'avec la complicité de nos législateurs.

I. Chaque membre des Assemblées a le droit d'initiative parlementaire et celui d'interpellation (1).

L'exercice de ces droits est déterminé par le réglement de chaque Assemblée.

(1) J'ajoute le droit d'interpellation, qui est reconnu, au droit d'initiative que mentionnait seul l'art. 39 de la Constitution de 1848. Mais, au fond, je suis convaincu qu'il donne naissance à beaucoup plus d'abus qu'il n'a d'utilité, et je voudrais qu'il fût réglementé beaucoup plus sévèrement qu'il ne l'a été jusqu'ici.

J. La présence de la moitié plus un des membres des Assemblées est toujours nécessaire pour la validité du vote des lois (1848, art. 40) (1).

(1) C'est le texte de la Constitution de 1848; mais je crois : 1° que cette nécessité devrait s'étendre à tout vote des Assemblées, quel qu'en fût l'objet.

2° Qu'on devrait ajouter : « Une majorité plus considérable peut même » être exigée par des dispositions spéciales des lois. »

K. Toute proposition de loi rejetée par l'une des Chambres ne pourra être représentée, soit dans l'une, soit dans l'autre, pendant la même session.

Dans le cas où, à l'une des sessions suivantes, elle serait encore rejetée par l'une des Chambres, elle ne pourra plus être représentée pendant la législature courante (1).

(1) J'entends par législature la durée de la Chambre des Représentants (soit au maximum cinq années). Car, au moyen du renouvellement partiel, le Sénat est perpétuel.

M. Pradié (article 29) propose que « dans le cas de second rejet, le » président de la République et l'autre Chambre qui l'aurait adoptée, » aient la faculté de demander qu'elle soit discutée et votée pour la troisième fois au scrutin secret dans une Assemblée plénière, c'est-à-dire » composée de la réunion des deux Chambres. Des Comités, composés par » moitié de membres des deux Chambres, pourraient être nommés et se » réunir pour amener l'accord entre les deux Assemblées. »

Mais je verrais dans une pareille mesure le danger d'un conflit presque certain. Outre qu'il y aurait dans une proposition de ce genre une sorte de violence morale exercée contre l'Assemblée refusante dont le droit ne peut être limité que par l'action légale et prévue des électeurs, quelle délibération réelle peut-il y avoir dans une réunion composée de deux éléments dissidents dont l'un apporterait une force double de celle de l'autre, puisque la Chambre des Représentants est dans cette proportion avec le Sénat.

Art. 15. Le Président de la République promulgue les lois lorsqu'elles ont été votées par les deux Chambres (1). Il en surveille et assure l'exécution. (Art. 14 du Projet, § 1er.)

Il négocie et ratifie les traités; aucun traité n'est définitif qu'après avoir été approuvé par les deux Chambres. (Art. 14 du Projet, § 2. Constitution de 1848, art. 53.)

Il a le droit de faire grâce (2) : les amnisties ne peuvent être accordées que par une loi. (Art. 14 du Projet, § 3. Constitution de 1848, art. 55.)

Il dispose de la force armée sans pouvoir la commander en personne. (Art. 14 du Projet, § 4. Constitution de 1848, art. 50.) (3)

Il préside aux solennités nationales (4). (Art. 61, Constitution de 1848.) Les envoyés et les ambassadeurs des Puissances étrangères sont accrédités auprès delui. (Art. 60, Constitution de 1848.)

(1) Dans quel délai? c'est ce que le projet ne dit pas. Il est évident que cette omission ne peut subsister. Aux termes de la Constitution de 1848 (art. 57), il y avait deux délais; l'un de trois jours pour les lois d'urgence, et l'autre d'un mois pour les lois qui avaient subi les trois discussions.

Il faut espérer que l'établissement de la deuxième Chambre nous débarrassera de ce fléau de *l'urgence* qui rappelle, à mon avis, les plus mauvais jours de la Convention.

Mais je pense qu'un délai de dix jours sera toujours suffisant, parce que le Président aura dû et pu se tenir, par lui-même ou par ses ministres, au courant de la discussion dans les deux Chambres et que le jour même où les projets votés lui auront été transmis, il serait presque en mesure d'avoir une conviction faite. Une nouvelle délibération de dix jours sera donc plus que suffisante pour la mûrir.

La Constitution de 1848 (art. 58) prévoyait le cas où le Président ne partagerait pas l'avis des législateurs et elle indiquait les formalités à suivre. Le projet garde encore le silence à cet égard ; quant à moi, je proposerais les formalités suivies aux États-Unis en pareil cas :

« *Dans le délai déterminé par l'article précédent, le Président peut demander par un message une nouvelle délibération. Ce message sera adressé à celle des Assemblées où la loi avait été proposée.*

« *Cette Chambre délibérera de nouveau; et si, après cette discussion,* LES DEUX TIERS DES VOTANTS *se prononcent en faveur du projet, il sera envoyé, avec les objections du Président, à l'autre Chambre qui le discutera également. Si, dans cette seconde Chambre, le projet réunit également* LES DEUX TIERS DES VOIX, *il deviendra loi et la promulgation devra en être faite.* »

Cette disposition est empruntée à la Constitution des États-Unis, section VII, article 2. On remarquera (et j'appelle toute l'attention de nos législateurs sur ce point) que, pour neutraliser le Veto du pouvoir exécutif, il faut la majorité des deux tiers des voix dans chaque Chambre et non la simple majorité absolue. Rien de plus sage, à mon avis, que cette disposition. Les innovations, qui sont dûes à l'initiative des membres des Assemblées, sont loin de représenter toujours de véritables progrès. Je ne verrais donc aucun inconvénient à ce qu'elles fussent ajournées, en cas de doute, jusqu'à ce que l'opinion publique se fût prononcée d'une manière catégorique par les divers moyens dont elle dispose. J'ajoute que, pour moi, la moitié plus un (ce que l'on appelle la majorité absolue) ne fait pas disparaître le doute sur le mérite d'une innovation.

A défaut de promulgation de la loi, dans les délais déterminés, par le Président de la République, elle pourrait être faite par le Vice-Président ou bien on pourrait encore emprunter à la Constitution des États-Unis la disposition suivante : « Si, dans les dix jours, le Président ne renvoie pas la loi » qui lui a été transmise, elle aura force de loi, comme si elle avait été » signée et promulguée par lui (*loco citato*). »

(2) On pourrait trouver, au premier abord, que le droit de grâce est une prérogative monarchique; mais j'avoue que les observations présentées en 1848 dans la discussion de la Constitution, surtout par M. Boudet, m'ont ramené à une autre opinion.

Je ferai même remarquer que, d'après la Constitution des États-Unis, le Président dont les pouvoirs sont en général moins étendus, « a celui d'accorder diminution de peine et pardon pour délits envers les États-Unis, » (excepté en cas de mise en accusation par la Chambre des Représentants) sans avoir à consulter personne. » Je ne serais donc pas d'avis de recourir à l'avis préalable du Conseil d'État.

(3) Outre cette interdiction, il en est bien d'autres qui, je le reconnais, ne peuvent guère figurer dans des textes de loi, mais qui sont en germe dans celui-ci et dont l'expérience a démontré la grande importance.

La Présidence de la République est une fonction purement civile. Il devrait donc être interdit au Président, fût-il revêtu des plus hauts grades militaires, d'endosser aucun uniforme ou insignes militaires dans l'exercice de ses fonctions. Croit-on qu'il ait été indifférent, pour le Coup d'État de 1851, que le prince Louis ait habitué les troupes et les masses ignorantes à le voir passer des revues et se parer d'un uniforme de général de division ?

Il devrait lui être interdit d'avoir autour de sa personne des aides de camp, des officiers d'ordonnance, un cabinet militaire. Ce sont autant d'éléments d'intrigues, de désordre, de favoritisme. L'ingérence du Dauphin, du dernier duc d'Orléans, de Napoléon III dans les affaires de la guerre et la collation des grades, la pression qu'ils ont exercée nécessairement sur les divers ministres, ont successivement soulevé le mécontentement et la désaffection dans une grande partie de l'armée. Croit-on même que le premier personnage de ce temps. M. Thiers, illustre à tant de titres et qui, certes, n'avait pas besoin d'un éclat emprunté, n'ait pas excité quelques sourires, quand on lisait dans les journaux cette formule si peu faite pour lui : « accompagné de ses officiers d'ordonnance, » comme s'il se fût agi du premier général venu.

Si la nation française veut sincèrement pratiquer la République, il faudra qu'elle jette aux orties toute cette défroque monarchique.

Par quelle procédure légale y arrivera-t-on? C'est ce que j'engage l'Assemblée à examiner.

(4) A quoi bon cette réminiscence monarchique? et quelles sont, aujourd'hui, les solennités nationales?

Additions proposées. — Outre les fonctions et attributions présidentielles indiquées dans le Projet, sous cet art. 14, la Constitution de 1848 en énumérait beaucoup d'autres qu'il ne reproduit pas, sans que j'aie pu en deviner la raison ; d'autant moins que dans l'Exposé des motifs il est reconnu que « la Constitution de 1848 » les avait fixées d'une manière satisfaisante. Il me semble donc que pour éviter les conflits d'autorité, les accusations d'omnipotence, de régime personnel, etc., etc., il y a lieu de reprendre les différentes dispositions que le Projet a omises.

A. Il (le Président) ne peut céder aucune portion du territoire, ni proroger l'une ou l'autre des Assemblées, ni suspendre, en aucune manière, l'empire des lois (art. 51).

B. Il présente, chaque année, par un message aux Assemblées, l'état général des affaires de la République (art. 53).

C. Il est logé aux frais de l'État et reçoit : 1° un traitement de six cent mille francs par année; 2° des frais de représentation, dont l'importance est déterminée, pour toute la durée de ses fonctions, par les Assemblées législatives, aussitôt après la séance d'installation (1) (art. 62).

(1) L'article 62 de la Constitution de 1848 ne parlait que du traitement et non des frais de représentation que je propose d'y ajouter. Peut-être s'était-elle inspirée de l'article 43 de la Constitution du 22 frimaire an 8, ainsi conçu : « Le traitement du Premier Consul sera de 500,000 fr. en

» l'an 8. Le traitement de chacun des deux autres Consuls sera des trois » dixièmes de celui du premier. »

Quoiqu'il en soit, ç'a été suivant moi une grande faute. Un traitement isolé de 600,000 fr. était tout à fait insuffisant; il représentait à peine, eu égard à la dépréciation de l'argent, le traitement des deuxième et troisième Consuls de l'an 8. Les 500,000 fr. accordés au commencement du siècle au Premier Consul Bonaparte représentent au moins un million, valeur de 1848 et surtout d'aujourd'hui. En outre, il faut remarquer que ce traitement n'était fixé que pour l'an 8; ce qui laissait la porte ouverte à des augmentations ultérieures.

Si l'on compare la France de 1800 avec la France de 1848 ou de 1873, on reconnaîtra que la différence est énorme. Au sortir des ruines de la Révolution, après la banqueroute du Directoire, avec plusieurs années d'impôts arriérés, presque sans numéraire, les immeubles dépréciés, la fortune mobilière non encore créée, l'industrie paralysée, les traditions de la représentation et du luxe perdues, à quelles exigences le Premier Consul pouvait-il être soumis, soit de la part de ses concitoyens, soit de la part des représentants étrangers! cinq cent mille francs constituaient donc une riche dotation. Aujourd'hui, après soixante-dix ans de régimes monarchiques divers, les choses sont changées du tout au tout, et il serait puéril de démontrer ce qui frappe tous les yeux. C'était donc une grande faute politique que de placer le Président de la République dans une fausse position en l'obligeant soit à rester au- dessous des nécessités qui s'imposent au Représentant d'un grand État, soit à mendier auprès d'une Assemblée diversement impressionnable, souvent capricieuse, des allocations supplémentaires, soit enfin à recourir à des moyens détournés qui compromettent ou déshonorent le pouvoir. Qui sait quelle a pu être, au point de vue du Coup d'État, l'influence de cette faute sur l'esprit du Président et sur les délibérations intimes de ses conseillers? Ne la recommençons donc pas et prenons des mesures plus en harmonie avec la dignité et la sécurité de tous.

D. Il réside au lieu où siége le pouvoir législatif; et il ne peut sortir du territoire continental de la République sans y être autorisé par une loi (1) (art. 63).

(1) Cette disposition n'est que la reproduction de l'article 63 de la Constitution de 1848. Mais il pourrait se présenter des difficultés matérielles auxquelles on ne paraît pas avoir réfléchi, et sur lesquelles cependant l'attention des législateurs devrait se fixer.

Le Président de la République a droit au logement par l'État. Croit-on que, en cas de transfert des deux pouvoirs législatif et exécutif, c'est-à-dire nécessairement dans des temps de troubles, ce serait chose facile que d'installer les deux Assemblées et le Président?

E. Le Président de la République nomme et révoque directement les ministres. Il nomme et révoque les agents diplomatiques, les préfets, les commandants en chef des armées de terre et de mer, les gouverneurs de l'Algérie et des colonies, les premiers présidents et procureurs généraux et autres fonctionnaires d'un ordre supérieur; (3) comme aussi, dans les conditions réglementaires déterminées par les lois, les *agents secondaires du gouvernement* (art. 64).

Toute nomination et révocation est faite sur la proposition du ministre compétent et contresignée par lui.

(3) A l'égard des fonctionnaires d'un ordre supérieur, l'article 63 de la Constitution de 1848 faisait intervenir le *Conseil des ministres.*

Mais d'abord le *Conseil des ministres* me paraît une réminiscence monarchique et une tradition du gouvernement parlementaire. Avec un roi « qui règne, mais ne gouverne pas, » et surtout n'est pas responsable, il faut un *Conseil des ministres*, qui représente, à proprement parler, le *Gouvernement.* Il en est autrement, suivant moi, avec un Président responsable.

C'est sur lui que doit reposer la responsabilité *collective*, soit pour les actes du gouvernement proprement dit, soit pour chacun des actes qu'un ministre aura contre-signés et qui devront se rattacher à sa spécialité. La signature crée pour le ministre une responsabilité *individuelle;* mais l'article que je rappelle créait, en outre, une responsabilité collective du Conseil des ministres.

Je trouve que celle du Président suffit, d'autant plus que c'est lui qui nomme et révoque à son gré les ministres (§ 1er de notre article).

J'ajoute, en terminant, que je ne vois pas pourquoi un ministre des finances ou de l'instruction publique concourrait au choix d'un général ou d'un amiral, ni à quel titre le ministre de la guerre se mêlerait du choix d'un préfet ou d'un receveur général. Tâchons donc d'avoir des ministres aussi distingués que possible, et qui, surtout, soient supérieurs chacun dans sa spécialité; mais, pour Dieu! plus de ministres *politiques*, ou nous courrons de nouveau aux abîmes.

F. Il a le droit de suspendre, pour un temps qui ne pourra

excéder trois mois, les agents du pouvoir exécutif élus par les citoyens.

Il ne peut les révoquer que de l'avis du Conseil d'État.

La loi détermine les cas où les agents révoqués peuvent être déclarés inéligibles aux mêmes fonctions.

Cette déclaration d'inéligibilité ne pourra être prononcée que par un jugement (art. 65).

G. Le nombre des ministres et leurs attributions sont fixés par le pouvoir législatif (art. 66).

H. Les actes du Président de la République, autres que ceux par lesquels il nomme et révoque les ministres, n'ont d'effet que s'ils sont contre-signés par un ministre (4) (art. 67).

(4) Et les messages du Président dans les cas prévus par le articles 56 et 57?

Le message *annuel* doit être l'œuvre personnelle du Président, ou bien il devrait être signé par tous les ministres.

Le message par lequel le Président demande une nouvelle délibération n'est que l'exercice de sa prérogative constitutionnelle; ce n'est point un acte d'administration : il ne peut donner lieu à aucune responsabilité. A quoi bon dès lors la signature d'un ministre?

I. Les ministres ont entrée dans les Assemblées législatives. Ils sont entendus toutes les fois qu'ils le demandent. Ils peuvent s'y faire assister par des commissaires nommés par un décret du Président de la République (art. 69 de la Constitution de 1848).

Art. 16 (1). Lorsque le Président de la République estimera que l'intérêt du pays exige le renouvellement de la Chambre des Représentants avant l'expiration normale de ses pouvoirs, il demandera au Sénat l'autorisation de la dissoudre. Cette autorisation ne pourra être donnée qu'en comité secret et à la majorité des voix (2). Elle devra être donnée dans le délai de huit jours.

Les Collèges électoraux devront être convoqués dans les

trois jours qui suivront la notification faite au Président de la République du vote affirmatif du Sénat (3).

(1) Voici l'*EXPOSÉ DES MOTIFS* sur cette importante innovation, qui sera, je n'en doute pas, accueillie avec faveur par tous ceux pour lesquels l'ordre n'est pas incompatible avec la liberté *.

« Il est une attribution nouvelle qu'il nous paraît indispensable de mettre au rang des droits du pouvoir exécutif, et qui a besoin d'être justifiée. On a pu voir que les conditions du régime parlementaire étaient entrées dans nos mœurs à ce point que nous étions obligés de les transporter dans la République plus complètement peut-être que ne le comporterait la théorie, bien plus assurément que ne l'admet l'Amérique. Ici nous sommes contraints de nous écarter de ce modèle des institutions républicaines dans les temps modernes. C'est que la France a besoin d'être gouvernée bien davantage. Le citoyen français ne se croirait pas en sûreté si la puissance publique pratiquait sans restriction la maxime célèbre : « Laissez faire, laissez passer.

» Il faut qu'elle porte partout la main, et sa responsabilité s'accroît dans la même proportion que son intervention nécessaire. Si la tranquillité est troublée dans un village, il en est demandé compte au pouvoir central. Aussi la présence des ministres et quelquefois celle du Président de la République sont-elles nécessaires dans les Chambres, qui peuvent forcément devenir une arène où l'on se dispute le pouvoir. Si la liberté gagne quelque chose à cette perpétuelle mise en question de l'existence des cabinets, la stabilité, la constance de direction, la suite des affaires peuvent y perdre, et les ambitions, incessamment excitées par la chance du succès, peuvent entraîner à leur suite des assemblées dont elles exploitent les passions. La proie offerte à l'esprit de parti en redouble l'ardeur, et il est impossible de s'assurer que jamais la Chambre des Représentants, soit par des résolutions téméraires, soit par une résistance systématique, soit par des agressions acharnées, ne finira pas par égarer la politique, paralyser l'action du pouvoir et mettre en question l'existence même du Gouvernement; il faut un remède à ce mal; il faut une précaution contre ce danger possible. La monarchie constitutionnelle l'a trouvé dans le droit de dissolution. Cette faculté suprême, exercée à propos, peut redresser les écarts de l'opinion, ralentir ses mouvements précipités, forcer enfin le pays à réfléchir, tout en lui laissant le dernier mot. Pourquoi n'emprunterions-

* Elle a, d'ailleurs, été proposée également par M. Pradié, dans l'art. 22 de son Projet, ainsi conçu : « L'autre Chambre ne pourra être dissoute par le Président de la » République que sur la décision conforme de la Chambre haute. »

nous pas à la monarchie son remède, quand nous pouvons avoir à craindre les mêmes maux qu'elle. Une dissolution n'est, après tout, qu'un appel au pays, une occasion nouvelle qui lui est donnée de manifester sa volonté.

» Rien donc n'empêche d'introduire ce droit conservateur de tous les autres droits dans un ordre de choses de fraîche date, où ils courent le risque d'être parfois méconnus. Mais, nous en convenons, le pouvoir exécutif, qui sera le premier à souffrir de l'atteinte portée à la bonne direction des affaires, qui le premier s'apercevra de la nécessité de la rétablir, ne saurait être investi de la prérogative supérieure et vraiment royale de dissoudre à volonté la Chambre des Représentants. C'est sans doute à lui de reconnaître la nécessité d'une telle mesure, à lui que doit en appartenir l'initiative. Mais, après qu'il l'a proposée, il ne reste que le Sénat qui puisse être revêtu du droit de la sanctionner. Il en usera avec autorité, parce qu'il n'en usera qu'avec réserve. C'est un corps en quelque sorte permanent, du moins insensiblement renouvelable, supérieur aux émotions du moment, et qui saura bien apprécier ce que les circonstances exigent ou comportent, et distinguer le cas où le pouvoir exécutif, en entrant en lutte avec la Chambre des Représentants, obéit à un véritable intérêt public, des cas où il cède à l'impatience du frein. Le droit de dissolution confié au Sénat sur l'initiative du Président nous paraît, dans un pays tel que le nôtre, une des conditions indispensables du salut de l'ordre constitutionnel dans ces jours d'orage qu'il faut prévoir si l'on veut les éviter. Ne négligeons pas de munir le vaisseau d'ancres de miséricorde pour le soutenir contre la tempête.

» On demandera si les précautions que nous proposons contre les écarts de la Chambre des Représentants ne pourraient pas être prises également contre les erreurs du Sénat. Il faut considérer que cette Assemblée, par sa composition, par l'esprit de suite que son organisation lui assure, ne sera pas sujette aux accès d'une fièvre populaire. D'ailleurs, et c'est la raison décisive, une assemblée soumise tous les deux ans à un renouvellement partiel est destinée à se modifier graduellement et doit échapper à ces changements brusques qui troublent inopinément le cours tranquille de la vie des peuples. »

(2) Mais quelle devra être la proportion des votants, par rapport au nombre total des Sénateurs?

Si la présence de la moitié plus un des Sénateurs suffisait pour le vote et que celui-ci eût lieu à la majorité, on arriverait à ce résultat que, sur 250 membres dont 126 votants, 64 formeraient la majorité et pourraient prononcer la dissolution de la Chambre des Représentants.

Je suis d'avis que ce serait conférer *au quart* de cette Assemblée un pouvoir exorbitant et je voudrais qu'une mesure aussi grave ne fût prise qu'autant qu'elle aurait obtenu le vote de la majorité des Sénateurs actuellement en exercice.

(3) Quel sera le délai de cette convocation? Probablement le délai ordinaire. — Pourquoi ne pas le dire?

Art. 17 (1). Le Président de la République et les Ministres, pris soit collectivement (2), soit individuellement, sont responsables de tous les actes du Gouvernement. (Art. 14 du Projet, dernier alinéa. Art. 68 de la Constitution de 1848.)

(1) Cet article figure au Projet sous le même numéro (art. 14) que les attributions présidentielles. Il me semble qu'il devrait former un article à part. J'ai cru devoir opérer ici cette séparation.

(2) Je me suis expliqué tout à l'heure sur la responsabilité collective du Conseil des ministres que je considère comme une véritable hérésie dans une République. Je n'ai donc pas à y revenir.

Quoiqu'il en soit, l'accusation en responsabilité devrait être formulée par l'Assemblée des Représentants et soutenue par ses délégués devant le Sénat, comme cela avait lieu sous la Charte de 1814 (art. 33,55 et 56) et sous la Charte de 1830 (art. 28 et 47).

Je renverrais aussi nos législateurs à la Constitution des États-Unis pour la manière de procéder à l'égard des accusations de ce genre.

» Le Sénat, dit cette Constitution (article 1er, section 3, n° 6), aura seul
» le pouvoir de juger les accusations intentées par la Chambre des Repré-
» sentants (*impeachments*). Quand il s'agira de cette fonction, ses mem-
» bres prêteront serment ou affirmation (*parce qu'ils deviennent de véri-
» tables jurés*). Si c'est le président des États-Unis qui est mis en jugement,
» le président de la Cour suprême présidera. Aucun accusé ne peut être
» déclaré coupable qu'*à la majorité des deux tiers des membres pré-
» sents* *.

» Les jugements rendus en cas de mise en accusation n'auront d'autre
» effet que de priver l'accusé de la place qu'il occupe, de le déclarer inca-
» pable d'occuper quelque office d'honneur, de confiance ou de profit que

* Quelle garantie contre les entraînements des partis! On n'a point oublié le procès intenté au Vice-Président Johnson, contre lequel les accusateurs n'ont jamais pu réunir les deux tiers des voix.

» ce soit dans les États-Unis; mais la partie convaincue (c'est-à-dire con-
» damnée) pourra être mise en jugement, jugée et punie selon les lois par
» les tribunaux ordinaires. »

Art. 18. Le Sénat peut être constitué en Cour de Justice pour juger les poursuites en responsabilité contre le Président, les Ministres (1) et les Généraux en chef des armées de terre et de mer (2).

(1) Voir, à cet égard, la note 2e de l'art. 16.

(2) Le procès extraordinaire du maréchal Bazaine a probablement inspiré cette disposition, à cause des difficultés de toute nature qu'il a soulevées, notamment pour la composition du Conseil de guerre. Mais y a-t-on réfléchi ? Qui devra porter l'accusation devant le Sénat ? Sera-ce la Chambre des Représentants ou le Président ? ou bien l'initiative appartiendra-t-elle à l'une et à l'autre ?

Les accusations contre le Président et ses ministres seront toujours et presque exclusivement politiques ; rien de mieux que de les faire juger par le Sénat, corps politique. Mais les généraux en chef? Le Sénat pourra-t-il et saura-t-il apprécier les questions militaires, les questions spéciales qu'il faudra nécessairement débattre ? La Convention elle-même a mandé des généraux à sa barre ; mais je ne me rappelle pas qu'elle en ait jugé. Elle les renvoyait, ce me semble, devant le Tribunal révolutionnaire.

J'avoue que cette innovation ne me paraît pas bien urgente. Le procès Bazaine est le premier de ce genre que nous ayons eu en France. Il se passera peut-être plus d'un siècle avant qu'il ne s'en représente un autre. Voyons d'abord comment fonctionnera le Conseil de guerre qui vient d'être saisi ; il sera toujours temps d'aviser.

Addition proposée. — « Il y a un Vice-Président de la République; il doit réunir les mêmes conditions d'éligibilité que le Président; il est nommé pour le même temps et prête le même serment (1).

» En cas d'empêchement du Président, le Vice-Président le remplace. Dans le cas où la Présidence deviendrait vacante par décès, démission ou autrement, il est procédé dans le mois à l'élection du nouveau Président (2); jusqu'à l'installation de celui-ci, les fonctions sont remplies par le Vice-Président.

» La nomination du Vice-Président a lieu immédiatement après celle du Président, dans les mêmes formes (3); et les articles ci-dessus s'y appliquent complétement.

» Le Vice-Président est, de plein droit, Président du Sénat (4).

» Il jouit d'un traitement au moins égal à celui du Président de l'autre Chambre (5). »

(1) L'article proposé ici est destiné à remplir une lacune dont il m'a été absolument impossible de me rendre compte. Sous la Présidence de M. Thiers, l'opinion publique et la presse s'étaient plus d'une fois émues à la pensée de ce qui pourrait arriver, si l'illustre homme d'État venait à disparaître. Rien ne semblait donc plus attendu que la reproduction, dans le projet du Gouvernement, des dispositions de la Constitution de 1848 ou d'autres analogues, pour calmer ces préoccupations légitimes.

(2) Tout ce qui précède est la reproduction exacte de l'article 70 de la Constitution de 1848.

(3) La Constitution de 1848 me paraît avoir méconnu le caractère véritable du Vice-Président; elle en avait fait un personnage tout-à-fait subordonné, une créature du Président qui présentait à la nomination de l'Assemblée trois candidats entre lesquels son choix était circonscrit. Dans ces conditions, que pouvait-il être? pas beaucoup plus que les membres du Conseil d'État qu'on le destinait à présider.

Supposons, au contraire, qu'il eût alors tiré ses pouvoirs de la même source que le Président lui-même : il aurait eu son importance propre; c'eût été un point de ralliement et peut-être sa présence eût-elle servi de frein à certains projets ambitieux et coupables.

— Le Vice-Président n'est rien *actuellement* dans la machine politique, il peut devenir *tout* dans les cas prévus. Il faut donc qu'il provienne de la même source que celui qu'il peut être appelé à remplacer.

(4) Je crois la Présidence du Sénat de beaucoup préférable pour le Vice-Président de la République à celle du Conseil d'État qui lui était déférée par la Constitution de 1848. Non-seulement le Sénat est un corps plus important, mais il est exclusivement politique, tandis que le Conseil d'État est surtout administratif et judiciaire ; or, le Vice-Président peut être un personnage politique très-distingué, éminent même, sans avoir des connaissances administratives ou judiciaires qui marquent sa place à la tête du Conseil d'État.

Je proposerais donc de suivre ici l'exemple donné par la Constitution des États-Unis qui porte :

« Le Vice-Président des États-Unis sera Président du Sénat, mais il

» n'aura pas le droit de voter, à moins que les voix ne soient partagées » également.

» Le Sénat nommera un Président *pro tempore* qui présidera en l'ab-» sence du Vice-Président ou lorsque celui-ci remplira les fonctions de » Président des États-Unis. »

(5) A l'égard du traitement, je dis qu'il sera *au moins égal* à celui du Président de la Chambre des Représentants, pour laisser le champ libre à l'appréciation du pouvoir législatif, si l'on voulait par exemple y ajouter certains frais de représentation. Seulement, je crois que le tout devrait être fixé pour la durée des fonctions, comme il est dit pour le Président à l'article 15, *addition C*.

Art. 19. Lorsque l'Assemblée nationale aura déterminé par un vote l'époque où elle se séparera, le Président de la République convoquera les Colléges électoraux pour l'élection des Représentants et ultérieurement des Sénateurs, de manière à ce que les deux Chambres puissent se constituer le jour même de la dissolution.

Les pouvoirs du Président de la République dureront jusqu'à la notification du vote du Congrès qui aura élu le nouveau Président.

PROJET DE LOI ÉLECTORALE

Présenté dans la séance du 20 mai.

Observations préliminaires.

La Révolution de 1848 a été faite aux cris de : « Vive la Réforme ! » Les banquets à l'occasion desquels elle a éclaté, avaient été organisés par l'Opposition pour exciter et propager une agitation destinée à forcer la main au Gouvernement et à lui arracher la Réforme électorale. Mais pour l'immense majorité, qu'était-ce que cette réforme? C'était l'adjonction sur les listes électorales de ce qu'on appelait *les capacités*.

Pour être électeur, sous la Restauration, il avait fallu être âgé de trente ans et payer 300 francs de contributions directes. Après la Révolution de 1830, la loi du 19 avril 1831 avait abaissé les conditions d'âge et de cens, en fixant l'âge à vingt-cinq ans et le cens électoral à 200 francs. Elle avait même posé des jalons et indiqué la route à suivre dans l'avenir, par son article 3, ainsi conçu : « Sont, en outre, électeurs, en payant 100 *francs de contributions directes :* 1° les membres et correspondants de l'Institut ; 2° les officiers des armées de terre et de mer jouissant d'une pension de retraite de 1,200 francs au moins, et pouvant justifier d'un domicile de trois ans au moins dans l'arrondissement électoral (1). »

Au moment de la discussion de la loi, des impatients avaient bien proposé d'ajouter aux exceptions de cet article 3 : « Les

(1) L'article autorisait même ces officiers en retraite à compléter les douze cents francs, en comptant le traitement qu'ils recevraient comme membres de la Légion d'honneur.

» membres des conseils généraux de départements, les maires » et adjoints des villes d'une population agglomérée de trois » mille âmes ou chefs-lieux de département et d'arrondisse- » ment; les juges des cours et tribunaux en activité ou en » retraite; les professeurs des facultés de droit et de méde- » cine, etc. ; les avocats inscrits sur le tableau près les cours » et tribunaux, les docteurs des facultés de médecine; les » notaires et les avoués, avec certaines conditions relative- » ment au domicile et à l'exercice de la profession; les licen- » ciés en droit, ès-sciences et lettres, aussi avec certaines » conditions; les anciens élèves de l'école polytechnique; les » citoyens possédant une rente de 3,000 francs inscrite au » grand livre et immobilisée pour cinq ans; les capitaines au » long cours. » — Mais tous ces amendements avaient été re-jetés. Dix-sept ans s'écoulèrent, et la soif d'une réforme électorale ne se manifesta de nouveau à l'état aigu qu'au commencement de la session de 1847-1848.

Ce fut à ce moment que, n'ayant pu réussir à renverser le ministère Guizot, l'Opposition organisa contre lui la campagne des banquets et réclama, à grands cris, l'adjonction des capacités; c'est-à-dire qu'elle reprit pour son compte les réclamations présentées, sous forme d'amendements, lors de la discussion de la loi électorale de 1831. Les faits qui suivirent ne sont que trop connus. Après une secousse de quarante-huit heures, le roi Louis-Philippe et sa famille allaient rejoindre dans l'exil les Bourbons de la branche aînée.

On aurait donc compris que le Gouvernement improvisé à l'Hôtel de Ville de Paris par l'insurrection victorieuse se hâtât de consacrer le résultat de cette révolution en proclamant la réforme électorale, au nom de laquelle elle venait d'être faite. C'eût été logique, et, je ne crains pas de le dire, c'eût été suffisant. Mais comme, dans notre bienheureux pays, on ne sait jamais s'arrêter ; que, d'ailleurs, en temps de révolution, les personnages politiques sont toujours débordés par d'autres influences d'autant plus puissantes qu'elles sont irresponsables et, le plus souvent, anonymes, non-seulement la République fut proclamée dès le 26 février; mais, quelques jours après (5 mars), ce même Gouvernement provisoire s'imagina de consacrer non pas seulement *la Réforme*, qui aurait doublé peut-être les 120,000 électeurs censitaires de 1830, mais le *suffrage universel* qui créait d'un seul coup 9,000,000 d'électeurs.

En agissant ainsi, le Gouvernement était-il jaloux des lauriers de M. de Genoude qui, dans son journal, *la Gazette de France*, avait réclamé l'appel au peuple, ou bien obéissait-il à la pression de ces influences irresponsables auxquelles j'ai fait allusion plus haut? J'inclinerais davantage vers cette dernière opinion (1).

Quoi qu'il en soit, on gaspillait ainsi, d'un seul coup, des ressources que des hommes prudents, des esprits véritablement politiques, auraient ménagées avec le plus grand soin. Entre le cens à 200 francs et l'abolition complète du cens, il y avait la matière de cinq ou six réformes, et, peut-être, l'intervalle d'un siècle.

On aurait accoutumé par degrés des populations de plus en plus nombreuses au maniement de cet instrument délicat et terrible que l'on appelle le suffrage électoral, jusqu'au jour où la diffusion des connaissances et de l'instruction aurait permis d'y appeler, sans trop de dangers, ce qu'un imprudent oratenr a appelé les « nouvelles couches sociales ». Mais proclamer à la fois la République et le suffrage universel, c'était s'élancer d'un seul bond aux limites du terrain politique, au risque de se trouver en face de la question sociale, résultat qui ne se fit pas attendre, et que les journées du 15 mai et des 22, 23 et 24 juin essayèrent de réaliser.

(1) Au surplus, le fonctionnement du suffrage universel a déjà fourni plus d'une leçon à tous les partis. M. de Genoude, alors qu'il en réclamait l'introduction, était convaincu que les masses rurales, conduites par

Ce que le décret-loi du 5 mars 1848 avait ébauché, la Constitution du 4 novembre suivant et la loi du 15 mars 1849 l'achevèrent, en consacrant tour à tour le suffrage universel et direct, l'âge de vingt et un ans, la brièveté du domicile (six mois), le scrutin de liste et certaines incapacités.

L'Assemblée législative, qui remplaça l'Assemblée constituante en mai 1849, et qui était animée d'un tout autre esprit, ne tarda pas à s'effrayer de certaines élections (1). De ses craintes sortit la loi du 31 mai 1850, que l'on a dit inspirée par la réunion de la rue de Poitiers, et que l'animosité des partis a reprochée amèrement aux hommes les plus distingués de l'Assemblée législative, mais qui, après tout, n'émanait pas de l'initiative parlementaire, fut rédigée dans les bureaux du ministère de l'intérieur, et présentée au nom du pouvoir exécutif par M. Baroche, ministre du Président, ainsi que le *Moniteur* du 9 mai 1850 en fait foi. Au surplus, cette loi, qui a donné lieu à tant de récriminations, et que le parti conservateur considère aujourd'hui, bien à tort selon moi, comme une ancre de salut, qu'avait-elle innové ? 1° Elle portait, il est

le clergé, lui rendraient la Légitimité; et c'est la République qui s'est chargée d'appliquer cette invention en essayant de la détourner à son profit. D'un autre côté, la République, à peine installée, a vu ce même suffrage universel nommer une Chambre légèrement réactionnaire et en majorité monarchique (l'Assemblée législative de 1849). Trois ans plus tard, il passait sous le joug de la monarchie césarienne dont il a consacré successivement toutes les fantaisies. Aujourd'hui enfin, si l'on en croyait les terreurs plus ou moins feintes des partisans de l'ordre moral, il se préparerait à nous précipiter dans l'abîme de l'anarchie.

(1) L'élection de M. Eugène Sue à Paris, le 28 avril 1850, comme l'élection de M. Barodet le 27 avril dernier! La loi du 31 mai votée un mois après (31 mai 1850), comme M. Thiers, démissionnaire le 24 mai 1873. Quelles singulières coïncidences! Et quel démenti à ce qu'on est convenu d'appeler « les leçons de l'expérience ! » Les partis extrêmes recommencent toujours les mêmes folies et les soi-disant sages retombent toujours dans les mêmes terreurs. Cependant l'élection d'Eugène Sue n'a exercé aucune influence sur la marche des événements au profit de ses électeurs, et la loi du 31 mai qui n'a, pour ainsi dire, jamais été appliquée, loin de sauver ceux qui l'avaient votée, a servi de prétexte pour les renverser.

vrai, la durée du domicile de six mois à trois années, mais en l'étendant de la commune au canton ; 2° elle augmentait le nombre des incapacités, mais c'étaient des incapacités que j'appellerai pénales. Quant aux autres dispositions ajoutées par elle à la législation précédente et sur lesquelles j'aurai l'occasion de m'expliquer en temps et lieu, elles n'étaient que réglementaires et ne touchaient en rien au principe ; 3° enfin, cette loi n'a jamais été expérimentée, parce qu'il n'a point été fait, sous son empire, d'élections générales (1).

Si, plus tard, le Président de la République, au moment de forfaire au serment qu'il avait prêté à la Constitution de 1848 et de porter sur elle une main criminelle, rejeta sur l'Assemblée législative le reproche d'avoir mutilé le suffrage universel, c'est qu'il n'ignorait pas que toutes les allégations sont bonnes vis-à-vis des multitudes ignorantes et crédules, pourvu qu'elles soient lancées avec assurance et soutenues par le prestige de la force. Mais pour tout esprit un peu réfléchi, il est manifeste que le Président avait marché d'accord avec la majorité de l'Assemblée nationale tant qu'il avait espéré l'amener à ses vues particulières, c'est-à-dire à la révision de la Constitution et à la prorogation des pouvoirs présidentiels, et qu'il ne se jeta dans les aventures du Coup d'État qu'après le rejet de la proposition de révision. Que, pour la réussite de ce

(1) C'est donc la plus téméraire des espérances que d'attendre de son rétablissement de si merveilleux résultats. Au surplus, il doit exister au ministère de l'intérieur des documents auxquels j'attribuerais une grande importance. En exécution de cette même loi, il a été procédé : 1° A la confection de nouvelles listes (de juin à septembre 1850) ; 2° à une première révision (janvier-avril 1851). Je suis convaincu que le ministère, à la suite de ces opérations, a dû se livrer à des travaux d'ensemble pour se rendre compte des résultats de la loi ; qu'il a dû, notamment, comparer le nombre des électeurs inscrits sous son empire avec celui des électeurs inscrits sous la loi de 1849. Si cette conjecture est fondée, l'Assemblée et le Gouvernement actuel trouveraient d'utiles renseignements dans ce travail, qui doit avoir été fait ou dont les éléments doivent se retrouver.

Coup d'État, il fût indispensable de rejeter sur l'Assemblée seule la responsabilité de la loi du 31 mai 1850, cela peut paraître douteux ; mais qu'il fût loyal d'accuser les gens dont on avait été au moins le complice, personne ne le soutiendra. D'ailleurs, le Dictateur de 1852 s'est approprié les incapacités récemment édictées par cette loi : s'il a réduit la durée de l'habitation à six mois, c'est en la limitant de nouveau à la commune au lieu du canton; de plus, — il a réduit des deux tiers le nombre des députés; — il a substitué le vote par circonscriptions électorales purement arbitraires au scrutin de liste par département; — il a détruit de fond en comble la Constitution de 1848 avant de détruire la République elle-même. Il était donc bien mal venu à faire un procès à l'Assemsemblée législative, eût-elle, comme le dit le Bonhomme, « tondu de ce pré la largeur de sa langue. »

Ajoutons qu'à la suite du Coup d'État et pendant toute la durée de l'Empire, rien n'a été négligé par les gouvernants pour réduire le suffrage universel à l'état de fiction légale. L'enrôlement de tous les fonctionnaires publics, sous peine de défaveur, de déplacement ou même de destitution, — la mise en pratique à ciel ouvert des candidatures officielles, — les remaniements successifs et quinquennaux des circonscriptions électorales sous le bon plaisir du pouvoir exécutif, — le dépôt préalable du serment politique imposé aux candidats, — les restrictions à la liberté de la presse et au droit de réunion, furent autant d'armes déposées dans l'arsenal politique du second Empire, et dont chacun de nous a pu voir l'emploi, presque toujours triomphant dans les circonscriptions rurales, de plus en plus insuffisant dans les grandes villes, où elles venaient s'émousser et se briser contre des populations agglomérées.

Après la chute de l'Empire, le décret du 29 janvier 1871, rendu par le Gouvernement de la Défense nationale pour les élections générales dn 8 février, est revenu à la loi du

15 mars 1849; mais ces élections ont été faites sous la pression de circonstances tellement extraordinaires et exceptionnelles, qu'on ne peut en tirer aucune induction sérieuse pour ou contre l'application illimitée du suffrage universel. Les résultats que ces élections avaient donnés ont été d'ailleurs tellement battus en brèche par les élections partielles survenues à diverses époques, qu'il s'est produit, dans un grand nombre d'esprits, une confusion des plus regrettables, au milieu de laquelle il devient presque impossible de s'orienter. Plus l'effarement semble s'emparer des classes dites conservatrices, plus les nouvelles couches sociales s'affolent du suffrage universel. Epouvantail pour les premières, il passe pour les secondes, ou plutôt pour les astucieux bergers du troupeau, à l'état de véritable marotte. A en croire les uns et les autres, la vie ou la mort de la société française est attachée au maintien ou à la destruction du *statu quo* en cette matière. Intégrité absolue, intégrité (sans épithète), moralisation du suffrage universel, sont devenus autant de drapeaux sous lesquels les partis paraissent prêts à s'entre-déchirer.

Je crois, quant à moi, que le suffrage universel n'a mérité :

« Ni cet excès d'honneur, ni cette indignité; »

mais que le moment est venu de l'aborder de face, de l'étudier à fond, de sang-froid, s'il est possible, et avec la ferme résolution de le détruire s'il est reconnu nuisible, mais de ne pas le fausser, si on n'ose le détruire.

Les masses ont, quoiqu'on en dise, le sentiment secret et la conscience de leur inaptitude à saisir les conséquences des choses et à prévoir l'avenir, même un avenir très-rapproché; elles ont, en outre, l'instinct et le respect de la force sociale; elles comprennent donc une contradiction franche et ouverte. Mais elles détestent tout ce qui ressemble à la finesse et à l'astuce, parce qu'elles craignent toujours d'être trompées; et cette crainte les exaspère d'avance contre les demi-mesures et les faux-fuyants.

Dites-leur donc hardiment, si vous êtes arrivés à cette conviction qui, après tout, peut fort bien se soutenir, que le suffrage universel est en contradiction avec l'état actuel de notre société et de l'humanité même, parce qu'il suppose une égalité approximative des intelligences, de l'instruction, des connaissances, de la moralité — et l'identité des intérêts; qu'il va contre le sens commun et la pratique séculaire de tous les peuples, puisqu'il tend à donner la majorité, et par la majorité, la décision aux enfants contre les chefs de famille, aux domestiques contre leurs maîtres, aux commis contre les chefs de maison, à tous les ouvriers de la ville et des champs contre les patrons, chefs d'usines et d'industrie, fermiers et propriétaires; qu'il pervertit les uns en leur inspirant des prétentions à une fausse égalité vis-à-vis des autres dont ils dépendent nécessairement, et sans lesquels ils ne pourraient trouver de moyens d'existence; qu'il établit ou entretient un antagonisme latent entre les divers degrés de la hiérarchie sociale; qu'il sèmera aujourd'hui la méfiance, demain l'hostilité, plus tôt ou plus tard la tempête, et qu'il précipitera un jour ou l'autre la société française dans l'abîme où les nations disparaissent.

Dites tout cela, si c'est votre conviction, mais ouvertement; — démontrez-le, si vous en avez la puissance, mais à ciel ouvert; — et quand la démonstration sera achevée, usez de vos pouvoirs législatifs suivant vos convictions. Le lion populaire (pour employer la métaphore des clubs) grondera sans aucun doute; il essaiera peut-être de s'élancer sur vous; mais comme je suppose qu'il vous trouvera prêts, et que vous êtes, en définitive, les dépositaires de toutes les forces sociales, après un premier élan, il reconnaîtra son impuissance; peut-être même vous saura-t-il gré de votre franchise, et pourrez-vous espérer le voir se coucher à l'ombre du drapeau national.

D'ailleurs, et dussiez-vous succomber après avoir fait ce que vous considérez comme votre devoir, ne vaudrait-il pas mieux tomber avec honneur et d'un seul coup que de vous laisser miner par le mal incurable dont vous vous dites atteints?

Mais si vous n'êtes ni assez convaincus pour aborder cette lutte de front, ni assez forts pour être assurés de la victoire, souvenez-vous que, seule, la foi « transporte les montagnes ; » respectez le suffrage universel, non comme bon, mais comme ayant la possession ; surtout, n'essayez pas de ruser avec lui,— et, croyez-m'en, dès que vous aurez cessé de l'inquiéter sur son existence, ses passions de combat s'amortiront ; il s'apaisera par le sentiment même de sa sécurité, et les générations actuelles, comme toutes celles qui les ont précédées, prêteront l'oreille à la voix du bon sens, de l'expérience, du véritable intérêt social.

Reconnaissons-le, d'ailleurs, au point de vue de l'organisation du suffrage universel, les pouvoirs actuels sont placés merveilleusement et bien mieux que tous ceux qui les ont précédés. Non-seulement ils ont l'expérience des fautes ou des erreurs *commises depuis* 1848 ; mais ils ont table rase, ce qui constitue à leur profit un avantage énorme.

En effet, les lois électorales de 1849 et 1850 ont été faites en présence et sous l'empire de la Constitution du 4 novembre 1848, qui : — 1° déléguait le pouvoir législatif à une Assemblée unique (article 20) ; 2° fixait le nombre des membres de cette Assemblée, y compris ceux de l'Algérie et des colonies, à 750 (art. 21) ; 3° prescrivait l'élection des Représentants par département au scrutin de liste (art. 30), et le vote des électeurs au chef-lieu de canton. Mais la nouvelle loi électorale qu'il s'agit d'établir en ce moment ne sera pas gênée par toutes ces entraves. Elle pourra diminuer le nombre des Représentants du peuple (d'autant plus qu'elle sera élaborée en vue de l'existence d'une seconde Chambre) ; les faire élire par scrutins individuels et par circonscriptions électorales; transporter le vote des électeurs du canton à la commune.

De même la Constitution de 1848 (art. 31) limitait à trois ans la durée des législatures et prescrivait le renouvellement intégral de l'Assemblée. Elle proclamait l'incompatibilité de toute fonction publique rétribuée avec le mandat de Représentant du peuple, sauf des exceptions à déterminer ultérieurement par une loi électorale organique. La nouvelle loi électorale sera libre de fixer, comme elle le jugera utile aux intérêts du pays, la durée des législatures; d'opter entre le renouvellement intégral ou le renouvellement partiel; et de se prononcer, tant sur le principe des incompatibilités que sur les exceptions, modifications et conséquences qu'il pourrait comporter.

Elle agira donc en pleine liberté.

PROJET DE LOI ÉLECTORALE (1)

Présenté dans la séance du 21 mai.

Observations préliminaires.

TITRE PREMIER.

Des Electeurs.

Art. 1er. Sont électeurs tous les Français âgés de vingt et un ans accomplis, jouissant de leurs droits civils et politiques (2).

(1) L'Exposé des motifs qui sert de préambule au Projet de loi est ainsi conçu, quant aux dispositions générales : « Messieurs, le Gouvernement complète l'ensemble des mesures législatives que vous lui avez demandées, en vous présentant un projet de loi électorale.

» Après la résolution solennelle par laquelle vous avez prescrit la préparation de cette loi, il était sans doute inutile de rechercher si elle était absolument nécessaire. Cependant nous n'avons pu jeter les yeux sur la législation existante, sans être frappés de ses imperfections et par conséquent des indispensables modifications qu'elle réclame.

» Il ne pouvait en être autrement. Le suffrage universel a été soudainement, il y a vingt-cinq ans, érigé chez nous en dogme politique. Il a été exercé au mois de mars 1848, avant d'être réglé par les lois, mais spontanément, par un de ces mouvements de pure liberté qui malheureusement ne durent guère. La loi de 1849 a été exécutée une fois pour la formation de l'Assemblée législative, et, sur le décret du 2 février 1852, pendant toute la durée de l'Empire, chacun de vous sait comment le vote universel a été pratiqué et comment ce qu'il pouvait y avoir de bon dans les lois a été gâté par la main des hommes.

» Après le 4 septembre, différents actes ont fondé le régime électoral sous lequel nous avons été nommés.

» Dès le 8 septembre, un décret du Gouvernement de la Défense nationale convoqua pour le 16 octobre les colléges électoraux, à l'effet d'élire « une Assemblée nationale constituante » et décida que les élections auraient lieu au scrutin de liste, conformément à loi du 15 mars 1849.

» Un second décret du 15 septembre entre dans plus de détails, et, pour régler les formes et les conditions de l'élection, amalgame les dispositions de la loi du 15 mars 1849 et celles du décret organique du 2 février 1852. Ces élections, ajournées à raison de l'état du pays envahi de tous côtés par l'ennemi, sont ordonnées de nouveau au mois de janvier 1871.

» La délégation du Gouvernement de la Défense nationale siégeant d'abord à Tours et ensuite à Bordeaux, avait de son côté préparé la réunion des colléges électoraux pour la nomination d'une « Assemblée constituante » ; le 24 septembre, elle ajournait les élections jusqu'après la guerre ; mais, le 1er octobre, elle les ordonnait pour le 16 et faisait par son décret toute une loi électorale joignant des dispositions nouvelles à celles de la loi de 1849 et abrogeant le décret de 1852. Les élections n'eurent pas lieu le 16 octobre ; le 31 janvier, un décret de la délégation de Bordeaux convoqua les électeurs pour le 8 février. Ce décret, comme celui du 1er octobre, soumet les élections aux dispositions de la loi de 1849 modifiées sur quelques points et abroge de nouveau le décret de 1852.

» Telle était la législation relative aux élections politiques lorsque l'Assemblée a été nommée.

» Est-il surprenant que l'on ait immédiatement songé à refaire cette législation électorale, à refondre les dispositions de la loi de 1849, qui, la première, avait donné des règles à l'exercice du suffrage universel, et aussi les décrets de 1852 qui l'avaient réglementé après qu'il avait été mis en pratique pendant trois ans.

» Depuis que vous êtes réunis, vous avez pris quelques dispositions partielles concernant les élections. Le 10 avril 1871, en attendant la présentation et l'adoption d'une nouvelle loi électorale, vous avez rétabli le vote à la commune, ajoutant que, jusqu'à ce qu'il en eût été décidé autrement, les dispositions des lois et décrets sur la procédure électorale actuellement en vigueur et non contraires à la présente loi continueraient à êtres observées. Le 2 mai, vous avez décidé qu' « en attendant l'adoption d'une loi organique électorale », les préfets et sous-préfets ne pourraient être élus représentants dans les département administrés par eux, et que cette prohibition durerait pendant les six mois qui suivront la cessation de leurs fonctions. Enfin, le 18 février dernier, vous avez appliqué aux élections politiques l'article 44 de la loi du 4 mai 1855 sur les conseils municipaux.

» Les arrêtés qui ont convoqué les colléges électoraux depuis le 8 février 1871, signalent d'ailleurs une incertitude remarquable sur la législation en vigueur. Le 9 juin 1871, 47 colléges sont réunis pour nommer 111 députés. L'arrêté du ministre de l'intérieur vise la loi du 15 Mars 1849 à laquelle cependant il apporte d'assez notables modifications, le décret du gouvernement de Paris en date du 29 janvier et les deux lois que vous avez votées les 10 avril et 2 mai. Un nouvel arrêté de convocation en date du 12 décembre 1871 vise les mêmes lois et en même temps les décrets organiques et réglementaires du 2 février 1852.

» Les arrêtés qui ont convoqué les colléges électoraux pour les dernières élections du 27 avril et du 11 mai vont plus loin. Ils abrogent même une partie des dispositions de la loi de 1849 sur les incompatibilités.

» En face de telles incertitudes sur une législation aussi importante, qui pourrait nier la nécessité de la refaire ?

» L'Assemblée actuelle manquerait au premier de ses devoirs si elle se séparait sans avoir pleinement régularisé les formes dans lesquelles seront nommés ses successeurs. Voulût-elle ajourner une loi sur l'organisaton des pouvoirs publics, elle ne pourrait se dispenser de laisser après elle une loi électorale.

» Dans un pays comme le nôtre, où la souveraineté nationale est déléguée, où le système représentatif n'est pas seulement conseillé par la raison, mais est aussi imposé par la nécessité, il est indispensable que des lois précises règlent les formes et les conditions de la délégation, les droits respectifs du représenté et du représentant. Cette vérité est plus évidente encore lorsque la délégation ne s'opère que par le vote de tous les citoyens. Montesquieu l'a dit avec raison : « Dans une démocratie, les lois qui établissent les droits du suffrage sont fondamentales. En effet, il est aussi important d'y régler comment, par qui, à qui, sur quoi les suffrages doivent être donnés, qu'il l'est dans une monarchie de savoir quel est le monarque et de quelle manière il doit gouverner. Libanius dit qu'à Athènes un étranger qui se mêlait dans l'assemblée du peuple était puni de mort. C'est qu'un tel homme usurpait le droit de souveraineté.

» Sans être jaloux à ce point de ce droit précieux de souveraineté, nous croyons cependant qu'il ne doit pas être négligemment abandonné à qui veut s'en emparer. Il a parmi nous un double caractère : il est général et il est local. Il est général dans son principe ; il appartient à tous les enfants de notre patrie ; si quelques-uns en sont privés, ce ne peut être que par des règles également générales, pour des raisons d'indignité ou d'incapacité qui s'appliquent en tous lieux, vraies au nord comme au midi. Il est en même temps local par le mode sous lequel il s'exerce. Ce n'est pas seulement l'électeur qui y est représenté, c'est la contrée particulière où il vit, les opinions qui y règnent, les intérêts qui y dominent, les mœurs, les traditions, les préjugés même que le temps y a laissés. L'électeur représente à la fois l'intérêt général du pays et l'intérêt particulier du département, de la commune. Nous admettons sans peine, nous proclamons bien haut que l'intérêt général du pays doit l'emporter sur tout autre. Il n'en est pas moins vrai que tous doivent être protégés par la loi électorale et qu'elle doit déterminer avec un égal soin à quelles conditions et en quel lieu on est admis à voter. »

Et après être entré dans les détails de la loi, comme on le verra ci-après sous les divers articles, l'Exposé se termine ainsi :

« Tels sont, messieurs, les pricipaux traits de la loi que nous avons l'honneur de vous présenter. Nous la croyons propre, si elle est fermement exécutée, à dissiper bien des craintes qu'éveille encore le suffrage universel introduit chez nous en 1848, sans être attendu, par un coup soudain de révolution. Il laisse encore des doute dans beaucoup d'esprits ; nous voudrions les dissiper. Si notre loi produisait ce résultat, elle serait certainement utile, car il en est des institutions comme des hommes : leur principale force est dans la confiance qu'elles inspirent. »

(2) Beaucoup de gens, dont l'idée fixe est de restreindre autant que possible ce qu'ils appellent l'abus du suffrage universel, et notamment le nombre des électeurs, ont imaginé deux panacées. La première consisterait à reculer l'âge de l'électorat jusqu'à vingt-cinq ans ; la seconde à exiger une durée prolongée de domicile : trois années, par exemple. Nous examinerons successivement ces deux propositions sous les article auxquels elles s'appliquent. Le projet de reporter l'âge de l'électorat à vingt-cinq ans semble s'appuyer sur des motifs assez plausibles, depuis la loi sur le recrutement de l'armée (27 juillet 1872). Cette loi ayant, par son article 1er, déclaré que tout « Français doit le service militaire personnel », et statué, par l'article 5, que « les hommes sous les drapeaux ne prennent part à aucun vote », certaines personnes se croient amenées à conclure que l'exercice du droit électoral doit être suspendu jusqu'à vingt-cinq ans. Si on leur objecte que la disposition de l'article 5 ne concerne que les hommes sous les drapeaux, c'est-à-dire en activité de service et présents sous les armes ; qu'elle laisse en dehors, par conséquent, les exemptés (article 16 de la loi), les dispensés (article 17, 19, 20 ou 22), et tous ceux qui, par diverses autres dispositions de la loi, ne sont pas actuellement « présents sous les armes », ils vous répondent : 1° qu'il ne serait pas juste que l'homme déclaré impropre au service trouvât dans ses infirmités, outre le privilége de l'exemption de tout service militaire, le droit

de voter, là où ses contemporains valides seraient privés de ce même droit; 2° que les dispenses de service sont accordées ou dans l'intérêt privé des familles ou dans l'intérêt de certains services publics; mais que, dans l'un comme dans l'autre cas, le raisonnement présenté plus haut s'applique et qu'il n'y a aucune raison pour ajouter une seconde faveur à la première; 3° qu'il en est de même des engagés volontaires d'un an, de ceux qui devancent l'appel, de ceux qui sont laissés dans leurs foyers comme soutiens de famille; parce que *l'égalité civique* réclame impérieusement que les jeunes gens âgés de vingt à vingt-cinq ans qui sont pris par le service actif, ne soient pas placés vis-à-vis de l'urne électorale dans une position plus défavorable que leurs autres contemporains. Que ceux-ci profitent du sort qui les aura mis dans la seconde moitié du contingent ou des autres circonstances qui ont été énumérées plus haut d'après la loi, c'est fort bien; mais comme tout cela est étranger à l'exercice des droits de citoyen, il n'y a aucune raison de conclure d'un ordre d'idées à l'autre; et la suspension du droit électoral doit peser sur tous, pour que l'égalité civique soit maintenue entre tous. Quoiqu'on fasse, on aura toujours à peu près la moitié des électeurs de vingt et un à vingt-cinq ans retenue sous le drapeau; ce résultat, suspendant leurs droits électoraux, paraîtrait d'autant moins libéral, qu'il s'appliquerait surtout aux jeunes gens les moins favorisés de la fortune. Dans la Commission des Trente, on n'est pas entré dans le détail de cette argumentation, mais, d'après les comptes rendus des journaux, M. Sacaze, l'un des membres, ayant demandé * si le Gouvernement avait songé à la garantie que donnerait un âge politque, aurait ajouté : « La loi sur l'armée a préjugé un peu ce point-là. » MM. Arago et Duclerc auraient, il est vrai, protesté énergiquement contre cette assertion et M. le Président de la République se serait borné à répondre : « Je n'ai pas d'opinion arrêtée là-dessus; je » n'ai pas causé de cela avec mes collègues; mais je vous l'avoue, je » ne crois pas qu'il y ait une garantie bien sérieuse dans la modification » de l'âge auquel le citoyen peut voter. »

Quant à moi, je pense avec M. le Président de la République : 1° que a différence des âges ne présente pas, au point de vue du vote, une garantie bien sérieuse; 2° que la majorité civile étant fixée à vingt et un ans, l'homme, parvenu à cet âge, est réputé, de par la loi, capable de tout acte de la vie *; d'où il suit qu'il n'y aucune raison pour le déclarer

* Voir, notamment, le journal *le Soir* du 6 février 1873.

* L'exception relative au mariage ne modifie en rien ce principe. C'est uniquement par déférence pour l'autorité paternelle que l'homme ne peut contracter mariage avant vingt-cinq ans sans le consentement de ses ascendants (art. 148 et suiv.), et la preuve, c'est qu'en cas de prédécès des ascendants le majeur de vingt-et-un ans n'a plus besoin du consentement de personne.

exceptionnellement incapable dans l'ordre politique ; 3° que la suspension du droit de suffrage établie par l'article 5 de la nouvelle loi sur le recrutement de l'armée est basée sur deux raisons : les nécessités de la discipline et le danger de créer et d'entretenir des antagonismes entre les citoyens réunis sous le même drapeau ; mais que ces raisons n'existant pas tant que l'homme n'est pas ou dès qu'il n'est plus présent au corps sous le drapeau, les dispositions restrictives de cet article ne s'appliquent par elles-mêmes ni au militaire en semestre, en congé ou en permission, ni à celui qui n'est pas compris dans la première partie du contingent, hors des époques de rassemblement, ni aux dispensés, etc. ; que vouloir les étendre au delà des limites que la loi spéciale a tracées et en dehors des raisons qui ont fait édicter ses disposition, serait, dès lors, porter une véritable atteinte au principe du suffrage universel.

Sous l'empire et dans l'esprit des Chartes de 1814 et de 1830, le suffrage électoral était considéré comme une fonction ; la loi pouvait donc subordonner l'exercice de cette fonction à telles restrictions ou conditions qu'elle jugeait utiles. Mais, depuis la Constitution de 1848 et sous l'empire du suffrage universel, le vote électoral est un droit. Ce droit peut être réglementé, mais la réglementation ne peut aller jusqu'à entamer le principe. Or, le Français âgé de vingt et un ans est citoyen ; il est déclaré capable par nos codes de tous les actes de la vie civile ; il a été appelé, un an auparavant, à protéger, fût-ce au prix de son sang, l'indépendance nationale contre l'ennemi extérieur, et l'ordre public contre les troubles intérieurs ; ce qui constitue, au premier chef, l'accomplissement d'un devoir politique. Il doit donc, par réciprocité, être admis à la jouissance des droits politiques.

Toutefois, je reconnais que l'adoption de l'âge de vingt-cinq ans pour l'électorat, n'aurait pas pour résultat, comme telle autre mesure (la durée exagérée du domicile, par exemple), de *fausser* le suffrage universel, parce qu'elle frapperait, sans distinction, toutes les catégories sociales. Mais si les promoteurs de cette mesure voulaient y réfléchir, ils arriveraient à la conviction qu'elle ne peut réaliser leurs intentions ; car elle laisserait subsister les proportions de nombre pouvant exister actuellement entre ces mêmes catégories sociales. Étant donc admis que la majorité électorale fût acquise actuellement aux idées qu'ils redoutent, le chiffre des *facteurs* pourrait varier, sans que les proportions ni le résultat fussent modifiés.

Du reste, il ne faudrait pas croire que la fixation de l'âge électoral à vingt et un ans ait été une innovation de 1848. Ne sait-on pas que, depuis 80 ans, nous avons parcouru toute la gamme des modifications possibles ?

Les Assemblées constituante et législative, la Convention nationale, les Conseils de l'an 3, le Corps législatif du premier Empire, une partie des Chambres de la Restauration ont été nommés par des élections à deux degrés.

L'âge des électeurs a varié de vingt et un ans (voir notamment la Constitution du 22 frimaire an 8, le Sénatus-consulte de thermidor an 10, l'Acte additionnel de 1815, l'Ordonnance du 13 juillet 1815) jusqu'à trente ans (loi du 15 février 1817). La durée de domicile a varié depuis *six mois* jusqu'à trois ans.

Jusqu'en 1848, on avait exigé des électeurs un cens qui a varié de dix journées de travail (Constitution de 1791) jusqu'à 300 fr. (Charte de 1814). Bien plus, la Restauration avait imaginé de superposer aux électeurs à 300 fr., une seconde couche (le quart plus imposé) à laquelle elle avait conféré un droit de *double vote*. Qui ne se rappelle la fameuse loi du 29 juin 1820 d'après laquelle, après que les électeurs à 300 fr. réunis au chef-lieu d'arrondissement avaient élu 258 députés, le quart plus imposé de ces mêmes électeurs, réuni au chef-lieu de département, nommait encore 172 députés.

Mais ni cette loi, absolument contraire à la Charte et qui fut dans son temps un véritable coup d'Etat *, ni la loi de *Septennalité,* substituée le 29 juin 1824 au renouvellement par cinquième, ni la nécessité de la possession annale établie également par la loi du 29 juin 1820 pour diminuer le nombre des électeurs, ainsi qu'on voudrait le faire aujourd'hui par le domicile *plus qu'annal,* n'ont sauvé la Restauration.

D'un autre côté, Louis-Philippe est tombé, pour avoir obstinément refusé, en 1847, l'adjonction des capacités, qui avait failli passer seize ans auparavant, en 1831.

N'attribuons donc pas à des lois électorales plus ou moins restrictives une influence plus considérable et surtout plus durable qu'elles n'en ont réellement. En cette matière, plus encore qu'en beaucoup d'autres, les mœurs sont tout et font tout.

Art. 2. La qualité d'électeur sera constatée par une in-

* Dans la discussion de la loi sur le double vote (Barante, t. II, p. 23), M. Royer-Collard l'a qualifiée ainsi : « Si, sous prétexte d'organiser les Collèges, on va jusqu'à » transférer audacieusement les élections de la majorité à la minorité : ce qu'on lui » demande (à la Chambre) ce n'est pas seulement la violation de la Charte, ce n'est pas » seulement un coup d'État contre le gouvernement représentatif, c'est un coup d'État » contre la société, c'est une révolution contre l'égalité, c'est la vraie contre-révolu- » tion. »

scription sur un registre électoral tenu dans chaque commune (1).

Art. 3. Le registre électoral est permanent; il est l'objet d'une révision annuelle. La première rédaction et la révision annuelle de ce registre seront faites par les soins d'une commission spéciale composée du maire, de deux conseillers municipaux désignés par le conseil municipal et de deux électeurs domiciliés dans le canton, désignés par le sous-préfet (2, 3).

Dans les communes comprenant plusieurs arrondissements ou cantons, il y aura autant de commissions que d'arrondissements ou de cantons.

A Paris, il y aura pour chaque quartier une commission composée du maire de l'arrondissement, du conseiller municipal du quartier et de trois électeurs domiciliés dans l'arrondissement et désignés par le préfet de la Seine (4).

(1) Sur la création de ce registre, l'Exposé des motifs s'exprime ainsi :

« Une législation successivement améliorée depuis 1792 a établi dans nos communes un registre qui constate l'état civil de chaque citoyen. Il ne naît pas en France un enfant appartenant à une famille française, dont le nom ne doive y être inscrit et qui ne puisse ou ne doive avoir recours à ces précieuses archives dans toutes les circonstances de la vie. Nous voudrions que l'état électoral de chaque citoyen fût également établi par un registre déposé à la mairie de sa commune. Pour ne pas surcharger de détails la loi que nous vous présentons, nous n'avons pas indiqué comment ce registre sera dressé, conservé, tenu au courant, refait à certains intervalles, toujours surveillé. Comme pour le registre de l'état civil, des dispositions particulières compléteront plus tard l'utile création que nous vous prions d'ordonner.

» La première confection de ce registre, qui doit suivre de près la promulgation de notre loi, présentera des difficultés qui ne nous ont pas échappé. Nous confions le soin de les résoudre, dans chaque commune, à une commission composée du maire, de deux conseillers municipaux désignés par le conseil dont ils font partie, et de deux électeurs domiciliés dans le canton, désignés par le sous-préfet. L'introduction de ces derniers sera, dans l'occasion, un contre-poids aux préoccupations diverses de l'intérêt local.

» Les règles à suivre pour former le premier registre électoral ne pourront avoir la précision de celles que l'on suivra plus tard pour l'entretenir. Pour y être inscrit, il faudra être Français et n'être atteint d'aucune des incapacités prononcées par les articles 5 et 6 du Projet de loi. Mais dans le temps nécessairement limité qui sera accordé pour le travail des commissions, bien des erreurs pourront échapper. Les listes actuelles, surtout dans les grandes villes, présentent de telles irrégularités qu'elles ne peuvent servir qu'à fournir d'utiles renseignements. Sans soumettre à des règles absolues la preuve que doit faire toute personne qui demande son inscription, nous espérons que les commissions en feront l'objet d'un consciencieux examen, et qu'un droit réclamé avec tant d'insistance, ne sera pas accordé avec une insouciante légèreté. »

Au surplus, nous ne verrions pas là une création; mais, plutôt, le retour à l'état de choses créé par la Constituante sous le nom de registre civique et successivement consacré par de nombreuses dispositions constitutionnelles ou législatives.

(2 et 3) Sous la loi du 31 mai 1850 (art. 1er), la liste était dressée par le maire assisté de deux délégués désignés par le juge de paix parmi les électeurs domiciliés dans le canton, tandis que, aux termes de la loi du 15 février 1849 et du décret du 2 février 1852, le maire procédait seul. Je trouve que c'est avec pleine raison que le Projet lui adjoint deux électeurs domiciliés dans le canton. Mais j'avoue que j'aperçois beaucoup moins l'utilité de l'adjonction des deux conseillers municipaux, quoique désignés par le conseil.

Dans un très-grand nombre de communes rurales, les maires n'auraient ni les connaissances ni l'impartialité nécessaires pour qu'on les laissât procéder seuls; mais il faut bien reconnaître que leur adjoindre deux conseillers municipaux délégués par les conseils, ce ne serait pas ajouter beaucoup aux garanties que les maires eux-mêmes ne présenteraient pas. Je ne vois pas non plus quels motifs ont pu faire préférer la délégation par le sous-préfet à la délégation par le juge de paix. Émanant de ces derniers, elle paraîtrait plus à l'abri des influences politiques. Même à part cette raison, on aurait droit, ce me semble, d'attendre de la délégation par les juges de paix de bien meilleurs résultats. Ces magistrats connaissent, en général, très-bien le personnel de leur circonscription. Ils sont mêlés à la vie intime des familles, beaucoup moins par les affaires civiles ou de police, que par les conseils de famille et les inventaires. Ils sont donc parfaitement en état de choisir en connaissance de cause des délégués parmi les électeurs domiciliés dans le canton.

Ceux-ci, appartenant à deux communes différentes du même canton, seront moins accessibles à l'esprit étroit de localité, plus indépendants vis-à-vis du maire; et chacun d'eux pourra apporter des renseignements utiles sur les changements de domicile opérés d'une commune à une autre du canton.

(3) Les délégués devront être non-seulement domiciliés mais électeurs, c'est-à-dire avoir déjà une certaine durée d'habitation qui soit une garantie des renseignements qu'ils pourront procurer. La circulaire ministérielle, publiée à l'occasion de la loi du 31 mai, désignait avec raison, suivant moi (mais seulement à titre d'exemple, bien entendu), au choix des juges de paix, les percepteurs, conseillers généraux et notaires. Elle disposait également que la délégation faite par le juge de paix *pourrait* comprendre plusieurs communes, ce qui me paraît rationnel. D'abord, la disposition, étant *facultative*, ne serait appliquée que suivant les circonstances locales. En second lieu, dans les cantons qui renferment un grand nombre de communes, la délégation, si elle était limitative, pouvait présenter des difficultés.

(4) On comprend parfaitement, pour Paris, l'adjonction du conseiller municipal du quartier, qui sera toujours une personne éclairée et qui, vu le grand nombre des électeurs, ne pourra donner carrière à des préférences politiques.

Art. 4. Seront inscrits pour la première fois sur le registre électoral de chaque commune, tous les Français âgés de vingt et un ans, jouissant de leurs droits civils et politiques, ne se trouvant dans aucun des cas d'incapacité qui seront indiqués par la présente loi, et ayant depuis deux ans leur résidence habituelle dans la commune ou dans le canton dont elle fait partie (1).

Tout individu qui n'aura pas eu depuis deux ans sa résidence habituelle dans la commune ou le canton qu'il habite au moment de la préparation du registre, sera inscrit sur le registre électoral de la dernière commune pour laquelle il justifiera d'une résidence habituelle de deux années ou de son domicile d'origine (2).

(1) Voici d'abord l'Exposé des motifs en ce qui concerne cette disposition :

« Tout individu que sa nationalité et son âge rendent électeur et qui n'est frappé d'aucune incapacité légale peut demander son inscription sur une liste électorale, mais il ne peut se faire inscrire où il veut. Il serait naturel qu'il fût inscrit à son domicile d'origine, au lieu où il est né et a vécu sous l'œil de sa famille comme de ses voisins, où il vient de se présenter pour satisfaire aux exigences de la loi militaire; cependant si depuis deux ans il a résidé habituellement dans la commune qu'il habite et où il lui serait plus commode d'exercer son droit électoral, il peut y demander son inscription, ou, si sa résidence actuelle a été de trop courte durée, il pourrait s'adresser à la commune où il aurait précédemment demeuré pendant deux années consécutives.

» Cette disposition est sans doute celle qui sera le plus contestée; nous la regardons cependant comme indispensable. Les dernières lois électorales se contentaient d'une résidence de six mois; elles l'avaient fait dans les premiers jours de l'exercice du suffrage universel par imitation des lois de la Restauration et de la monarchie de juillet.

» On comprenait cette disposition lorsque l'électeur était en outre obligé de payer des contributions dans l'arrondissement où il voulait transférer son domicile politique, c'est-à-dire d'y être propriétaire. Son existence y était déjà connue; ses antécédents avaient pu être appréciés. Il s'était déjà familiarisé avec les idées et les intérêts d'une contrée à laquelle il était déjà rattaché par ses propres intérêts. Avec le système actuel, au contraire, le corps électoral est composé, et souvent en majorité, d'électeurs dont la vie, au sein même des familles les plus recommandables, se passe obscurément; qui, attirés au loin par les nécessités du travail, y arrivent inconnus, y restent pendant de longs mois ou s'en éloignent sans attirer les regards de personne, n'y sont rattachés par aucun lien durable. Notre proposition n'a d'autre but que de remplacer par une plus longue résidence les conditions de fortune que nous n'avons pas voulu exiger. »

— Le décret du 5 mars 1848 parlait des «*résidents*» dans la commune : la loi du 8 février 1849, des « *habitants* » dans la commune. La loi du 31 mai 1850 a employé le mot « *domiciliés* ». Le décret du 2 février 1852, est revenu à l'expression « *habitant* dans la commune » (voir l'article 13), et cette disposition a été maintenue par l'article 6 du décret du 29 janvier 1871. Quant à moi, le mot « *domicile* » me paraît devoir être rétabli, parce qu'il est beaucoup plus juridique; et je n'approuve pas l'expression « *résidence habituelle* », adoptée par le nouveau Projet. Une résidence habituelle, prolongée pendant deux ans comme il le propose, devient le principal établissement; elle constitue donc *le domicile* aux termes de l'article 102 du Code civil.

Examinons maintenant quelle devra être la durée du domicile :

C'est, suivant moi, la question capitale; la Constitution de 1848 ne s'était pas expliquée à cet égard, puisque l'article 24 se bornait à dire : « Sont électeurs, sans condition de cens, tous les Français âgés de 21 ans et » jouissant de leurs droits civils et politiques ». En outre, l'article 26 ne renvoyait à la loi électorale que pour déterminer « les causes qui peuvent priver un citoyen français du droit d'élire et d'être élu » ; et ces mots n'impliquaient nécessairement que l'idée d'incapacités, d'indignités encourues à la suite de quelque condamnation pénale (voir, au surplus, le décret du 5 mars précédent, article 6).

Mais il ne fallait pas prendre ces termes au pied de la lettre; car, d'une part, les Constituants de 1848 avaient été élus en vertu du décret du 5 mars 1848, qui exigeait une résidence de six mois dans la commune ; et d'autre part, lorsque ces mêmes Constituants eurent à rédiger la loi organique électorale, ils établirent, par l'article 1er, « la condition *d'habitation » dans la commune depuis six mois au moins* ».

Cette durée était-elle suffisante ? Tel ne fut pas l'avis du Gouvernement et de l'Assemblée législative; puisque le Président de la République fit proposer par son ministre, M. Baroche, et que l'Assemblée législative *vota* la loi du 31 mai 1850, dont l'article 2 exigea « le domicile dans la » commune ou le canton depuis trois ans au moins ».

C'est donc entre la durée *maxima* de trois ans, et la durée *minima* de six mois, qu'il s'agirait aujourd'hui de faire un choix.

Quant à moi, après y avoir mûrement réfléchi et sans me laisser entraîner par les préoccupations que des élections récentes ont fait naître dans un grand nombre d'esprits, je crois que la durée du domicile doit être fixée à un an, avant le 1er *janvier*.

Ne négligeons pas une observation préliminaire; c'est que cette question, qui soulève tant de passions et une si vive controverse, ne présente pas tout l'intérêt qu'on s'obstine à y attacher. En ce qui concerne les populations rurales et celles des petites villes (c'est-à-dire l'immense majorité du pays), elle n'a, pour ainsi dire, pas d'application, surtout si l'on admet comme unité de domicile le canton au lieu de la commune, ainsi que l'avait fait la loi du 31 mai 1850 et que le nouveau Projet le propose.

C'est seulement dans les villes populeuses, et dans les grands centres industriels où la mobilité est plus grande, que l'intérêt commence.

— Cette observation faite, voici mes raisons pour le domicile d'une année.

Aux termes de l'article 102 du Code civil, « le domicile de tout Français » est au lieu où il a son principal établissement » ; le principal établissement n'a rien d'incompatible avec les conditions les plus humbles. Il n'est pas besoin, pour cela, d'être propriétaire ou patenté. Il suffit d'être venu dans une commune ou dans un canton *avec l'intention d'y rester*. La loi civile nous le dit encore : « Le changement de domicile s'opèrera » par le fait d'une habitation réelle dans un autre lieu, jointe à l'intention

» d'y fixer son principal établissement. » Eh bien, l'ouvrier, l'artisan, celui qui n'a d'autres moyens d'existence que le louage de ses services personnels à la ville ou à la campagne, peut être dans la nécessité de se transporter d'un canton dans un autre, lorsqu'il ne trouve pas ou ne trouve plus des moyens d'existence suffisants dans son domicile d'origine. Cette résolution prise, il passe à l'état de nomade jusqu'à ce qu'il ait trouvé un nouveau canton où il ait l'intention de se fixer. Pendant cette période d'essais, il aura des résidences; il n'aura pas un domicile. Je n'attacherais donc la présomption d'intention et la qualification de domicile qu'à la résidence prolongée pendant une année entière, parce que j'y verrais l'application de l'article 105 du Code civil qui, à défaut de déclaration expresse, fait résulter « des circonstances » la preuve de la mutation du domicile.

Mais quand je parle d'une année entière, j'entends qu'elle devrait être acquise au premier janvier. Pour être admis au concours dans les écoles publiques, pour tomber sous l'application de la loi de recrutement, c'est au premier janvier que les conditions requises doivent être accomplies : pourquoi en serait-il autrement en matière électorale? Je n'en aperçois aucune raison. Au contraire, cette prétendue interprétation favorable ne tend qu'à créer des inégalités choquantes; par exemple, entre le citoyen qui aura acquis l'âge ou la durée de domicile le premier avril de l'année précédente et celui qui ne les acquerra que le trente et un mars de l'année courante.

Peut-être même n'y aurait-il aucun inconvénient, ni surtout aucune rigueur, à exiger, à l'appui de l'intention d'établir son domicile dans le nouveau canton, une déclaration faite à la municipalité de la commune que l'on aurait choisie. Rien de mieux, assurément, que de conférer des droits politiques; mais, d'une part, le législateur est parfaitement fondé à en régler l'exercice, au mieux de l'intérêt général; et, d'autre part, le citoyen qui attache de l'importance à la jouissance de ces droits, serait mal venu à se refuser à des déclarations essentiellement gratuites, et qui n'exigeront, en outre, de sa part, ni déplacements, ni longues démarches. La nécessité de cette déclaration dans le délai que j'indique plus loin, (article 8), c'est-à-dire *avant le* 1er *octobre* de l'année antérieure à l'inscription, se manifeste surtout pour les grandes villes et les centres populeux. Avec les facilités de transport qui existent aujourd'hui, rien n'est plus aisé pour un individu frappé d'une incapacité légale que de dérober sa trace en venant se plonger dans un de ces gouffres « où il ne sera connu ni physiquement, ni moralement », peut-être même en changeant de nom. Il faut, alors, que l'autorité municipale ou administrative ait devant elle le temps et les moyens nécessaires pour contrôler *l'identité* et *la capacité*.

Cette déclaration est exigée (sauf indication du moment où elle devrait être faite) par l'article 9 du Projet, 2e paragraphe; et je ne puis qu'approuver cette innovation.

L'article 6 de la Constitution du 22 frimaire an 8 était ainsi conçu : « Pour exercer les droits de cité dans un arrondissement communal, il faut » avoir acquis un domicile par une année de résidence et ne pas l'avoir » perdu par une année d'absence. » Pourquoi donc le Projet mentionne-t-il une durée de deux années (réduite, en réalité, à 21 mois, puisqu'elle peut être complétée jusqu'au 31 mars)?

On a quelque peine à en trouver la raison. L'Exposé des motifs nous assure que « la proposition du Gouvernement n'a d'autre but que de » compenser par une plus longue résidence les conditions de fortune » qu'il n'a pas voulu exiger. » Tout à l'heure, il faisait, sans paraître s'en apercevoir, le procès au suffrage universel, en disant : « *avec le* » *système* actuel, le corps électoral est composé, et souvent en majorité, » d'électeurs dont la vie, *au sein même des familles les plus recommandables*, se passe obscurément; qui, *attirés au loin par les nécessités du* » *travail*, y arrivent inconnus, y *restent pendant de longs mois* ou s'en » éloignent, sans attirer les regards de personne, n'y *sont rattachés par* » *aucun lien durable*. » Mais si l'on reconnaît que « parmi les électeurs » actuels, il y en a un grand nombre (*souvent en majorité*) qui « sont » attirés au loin *par les nécessités du travail*, arrivent inconnus, restent » *pendant de longs mois*, *même au sein des familles les plus recommandables*, sans attirer les regards de personne, ou s'éloignent parce qu'ils » ne se sentent *rattachés par aucun lien durable* », faut-il en faire un crime à ceux qui subissent les cruelles *nécessités du travail?* Et pourquoi *les longs mois* dont on parle seraient-ils plutôt deux ans qu'une année ou trois années? Tout cela, c'est l'arbitraire.

Je comprenais mieux le langage tenu par M. Thiers devant la Commission des Trente, tel, au moins, que le lui prêtait le Journal des Débats du 6 février dernier. Il y a, aurait-il dit, dans le « suffrage universel, tel qu'il est organisé aujourd'hui, absence complète » de *garantie d'identité* et aussi de *garantie morale*. Nous songeons » à écarter les gens sans aveu. Ce serait une atteinte, si l'on excluait les citoyens; mais l'homme sans aveu, sans domicile, pas » plus connu physiquement que moralement, ce n'est pas un *Civis*, » comme disaient les anciens. » Puis, répondant à une question de M. le duc de Broglie, il aurait ajouté: « Le maximum du domicile serait de trois ans, le minimum d'un an. Mais, dans ma conviction sincère, un *an ne suffit pas pour constater la qualité de l'électeur*. » Prenant acte de ces déclarations, M. de Broglie, dans son rapport, s'exprimait ainsi : « Décidé comme nous à respecter le principe

» du suffrage universel qui est la base de nos institutions, il nous a déclaré de lui-même qu'il sentait la nécessité d'en assurer la vérité, en » cherchant des garanties pour constater l'identité, la capacité civile et » la moralité du citoyen. Ces garanties consistent à ses yeux, comme aux » nôtres, dans la durée prolongée et plus qu'annale * du domicile fixe et » connu ».

Nonobstant ces refus, je crois que le noble duc et même l'illustre Président de la République se sont trompés. 1° Il ne faut pas un domicile prolongé pendant deux ans pour constater *l'identité* d'un citoyen; ce qu'il faut, c'est un dépôt préalable de titres et pièces avec un délai suffisant pour en contrôler la sincérité et l'application à l'individu. 2° La *capacité civile* est présumée en faveur de tout individu qui se présente, jusqu'à ce que la société lui ait prouvé qu'il tombe sous l'application des n°s 6, 7 et 9 de l'article 5 du Projet. 3° Enfin, quant à la *moralité* dans le sens légal, elle est également présumée, sauf à la société à démontrer le contraire par application des n°s 1, 2, 3, 4, 5 de l'article 5, et de l'article 6 tout entier que le Projet a empruntés à la législation précédente. Si vous demandez une *moralité* autre que celle-là, si vous exigez d'autres garanties que la pleine jouissance des droits civils et politiques, vous méconnaissez *les nécessités du travail* mentionnées dans votre Exposé et qui empêchent les moins favorisés d'entre vos concitoyens, ainsi que le reconnaît ce même Exposé, « de se rattacher par des liens durables » En agissant ainsi, vous supprimez l'application du suffrage universel à l'égard d'un nombre considérable des ouvriers des villes, tout en affectant de respecter le principe. Vous surexcitez ces haines sociales que votre premier devoir serait d'apaiser et vous ménagez au premier ambitieux venu l'occasion de parodier le guet-à-pens du 2 décembre 1851.

A quoi, d'ailleurs, vous serviront les deux années de domicile, si vous vous croisez les bras pendant tout ce délai, pour sortir de votre torpeur administrative le 1er janvier. Ne serait-il pas plus pratique de vous contenter d'une année, mais sous la condition que *celui qui voudra être inscrit sur les registres électoraux d'une commune au premier janvier d'une année, aura fait sa déclaration à la mairie avant le premier octobre de l'année précédente*; et qu'il aura déposé ou offert de déposer, à première réquisition, toutes les pièces de nature à établir son identité. L'adminis-

* Le journal faisait dire par M. le Rapporteur « *la durée plus qu'annuelle* »; mais, comme il s'agit d'un académicien, je suppose qu'il n'y a eu là qu'une erreur d'impression. Tout le monde sait qu'une fête est « annuelle » lorsqu'elle revient tous les ans; que la possession est « annale » lorsqu'elle a duré un an; de telle sorte que l'un des adjectifs exprime la périodicité et l'autre la durée ou la continuité. C'est ainsi que les lois électorales de la Restauration exigèrent la « possession annale » de la part des électeurs; ce qui, par parenthèse, n'a pas sauvé ce Gouvernement.

tration municipale aurait alors trois mois pleins pour contrôler : 1° la vérité des déclarations ; 2° l'identité du sujet ; 3° sa capacité au point de vue civil et pénal, par le moyen de correspondances avec les autorités militaires, administratives ou judiciaires. Le premier janvier arrivé, elle serait armée de toutes pièces pour commencer son travail de révision. Au contraire, même avec le domicile de deux années, dont les trois derniers mois pourraient être complétés du 1er janvier au 31 mars, l'administration municipale commence son travail *en aveugle* le 1er janvier. Qu'une réclamation lui soit adressée au dernier jour fixé pour la recevoir, c'est-à-dire vers la fin du mois de février, elle n'aura plus qu'un délai de trente et un jours, tout à fait insuffisant pour contrôler la vérité des faits et surtout la capacité du réclamant.

Quant à exiger trois années de domicile, c'est un point que je n'essaierai pas de discuter. On créerait ainsi une inégalité flagrante au préjudice d'une classe assez nombreuse de nos concitoyens, sans pouvoir articuler contre eux aucun autre grief que l'*instabilité*. Mais s'il était prouvé que cette instabilité ne tient, dans la plupart des cas, qu'aux nécessités de la vie ouvrière, le grief disparaîtrait. Il ne resterait plus qu'une exclusion injuste, abusive, et dont les sociétés ne se rendent jamais coupables impunément.

— On aurait dû, ce semble, reproduire ici la disposition des lois du 15 mars 1849 (article 4), et 31 mai 1850 (article 5), ainsi conçu : « Les fonc-
» tionnaires publics seront inscrits sur la liste électorale de la commune
» dans laquelle ils exerceront leurs fonctions, quelle que soit la durée de
» leur domicile dans cette commune.
» La même disposition s'applique aux ministres des cultes reconnus par
» l'État.

Art. 5. Sont privés du droit d'électeur et ne peuvent être inscrits sur aucun registre électoral (1) :

1° Les individus qui ont été condamnés soit à des peines afflictives et infamantes, soit à des peines infamantes seulement ;

2° Ceux qui ont été condamnés à des peines correctionnelles pour faits qualifiés crimes par la loi ;

3° Ceux à qui les tribunaux correctionnels ont interdit le droit de vote et d'élection, par application des lois qui autorisent cette interdiction ;

4° Les militaires condamnés aux travaux publics;

5° Les condamnés à l'emprisonnement, quelle qu'en soit la durée, pour vol, escroquerie, abus de confiance, soustraction commise par des dépositaires des deniers publics, délit d'usure, d'adultère (2), attentats aux mœurs prévus par les articles 330 et 334 du Code pénal;

6° Les notaires, greffiers et officiers ministériels destitués en vertu de décisions judiciaires;

7° Les faillis non réhabilités dont la faillite aura été déclarée soit par les tribunaux français, soit par jugements étrangers exécutoires en France (3);

8° Les individus placés, par décisions judiciaires, sous la surveillance de la haute police;

9° Les interdits, les individus qui sont admis dans les hôpitaux, hospices ou autres établissements d'assistance publique.

(1) L'Exposé des motifs s'exprime ainsi et ne peut qu'être approuvé: « Dans un pays où le suffrage universel devient la source directe ou indirecte de tous les pouvoirs publics, le droit de voter devient d'une telle importance qu'il ne peut être confié qu'à des mains pures, et que son exercice doit être suspendu par une profonde altération de l'intelligence ou par une extrême dépendance de situation. Nous avons énuméré avec soin, dans les articles 5 et 6 du Projet, les causes pour lesquelles un citoyen qui remplit les conditions d'âge et de domicile, peut néanmoins être privé de son droit électoral. Nous avons toutefois distingué entre la privation perpétuelle et la privation temporaire. La première même peut cesser par le bienfait de la réhabilitation. »

(2) Je serais d'avis de ne frapper les adultères que de l'incapacité à temps, dont il est question dans l'article 6. L'adultère est un délit « privé » qui a sa place à part dans nos Codes, puis qu'il ne peut être poursuivi d'office par la partie publique. De plus, il arrive très-souvent que nos tribunaux condamnent un adultère *sans le savoir*, au moins à l'origine, à qui sa complice aura dissimulé sa situation de femme mariée.

(3) N'y aurait-il pas lieu d'examiner si, dans le cas d'une faillite unique, celui qui justifierait avoir rempli toutes les conditions du concordat, débattu avec ses créanciers, accepté par eux et homologué par le Tribunal de Commerce, ne devrait pas être relevé de l'incapacité électorale

après les délais déterminés au concordat, et à la charge de justifications à produire devant le Tribunal de Commerce, au moyen d'une procédure plus sommaire que celle de la réhabilitation ?

Il serait bien entendu que le failli relaps ou le banqueroutier demeurerait frappé de l'incapacité perpétuelle.

Art. 6. Ne pourront être inscrits pendant cinq ans à partir de l'expiration de leur peine (1) :

1° Les individus condamnés à l'emprisonnement par application des articles 139, 153, 174, 400 § 2, 410, 411, 439, 444, 445, 446, 447 et 452 du Code pénal ;

2° Ceux qui ont été condamnés pour vagabondage ou mendicité ;

3° Les condamnés à l'emprisonnement par application de l'article 423 du Code pénal, de l'article 1er de la loi du 27 mars 1851 et de l'article 1er de la loi du 5-9 mai 1855 ;

4° Les condamnés à l'emprisonnement par application de la loi du 24 juillet 1867 sur les sociétés ;

5° Les condamnés à l'emprisonnement pour infraction aux dispositions des articles 60, 63 et 65 de la loi du 27 juillet 1872 sur le recrutement de l'armée ;

6° Les condamnés à l'emprisonnement pour outrage à la morale publique et religieuse, pour délits contre les mœurs commis par l'un des moyens énoncés dans l'article 1er de la loi du 17 mai 1819, pour excitation à la haine des citoyens les uns contre les autres ou à la guerre civile ;

7° Les individus condamnés à l'emprisonnement par application des articles 31 et suivants du décret organique du 2 février 1852 et de la présente loi.

Les incapacités mentionnées dans le présent article et dans les paragraphes 1, 2, 3, 4, 5, 6, 8 de l'article précédent pourront être effacées par un décret de réhabilitation.

(1) Il me semble que cette division, inaugurée par le Projet, dans la durée des incapacités, est conforme à la justice et doit être approuvée.

Art. 7. Les militaires et assimilés de tous grades et de toutes armes, des armées de terre et de mer, en activité de service, ne prennent part à aucun vote quand ils sont présents à leur corps, à leur poste, ou dans l'exercice de leurs fonctions.

Ceux qui, au moment de l'élection, se trouvent en résidence libre, en non activité ou en possession d'un congé régulier, peuvent voter dans la commune sur les listes de laquelle ils sont régulièrement inscrits.

Cette dernière disposition s'applique également aux officiers généraux et assimilés qui sont en disponibilité ou dans le cadre de réserve (1).

(1) L'article 7 confirme la disposition que vous avez déjà insérée dans l'article 5 de la loi sur le recrutement de l'armée, mais en faisant cesser des doutes graves que la rédaction trop laconique de cet article avait fait naître. (*Exposé des Motifs.*)

TITRE II.

Formation et révision du Registre électoral.

Art 8. Le registre électoral devra être fait pour toutes les communes de France dans les trois mois qui suivront la promulgation de la présente loi (1).

Il sera révisé au commencement de chaque année.

Art. 9. Du 1er au 15 janvier de chaque année, la commission ajoutera à la liste inscrite sur ce registre :

1° Les citoyens qui, pendant l'année (2), auront satisfait, dans la commune, à la loi du recrutement, conformément aux dispositions de la loi du 27 juillet 1872 ;

2° Ceux qui auront acquis leur domicile électoral par une déclaration faite à la mairie de la commune et suivie d'une résidence habituelle de deux ans dans la commune ou le canton, en justifiant qu'ils ont requis leur radiation du registre électoral de leur présent domicile (3) ;

Toutefois la déclaration qui doit précéder les deux ans de résidence ne sera exigée qu'à partir du 1er janvier 1876 (4);

3° Ceux qui rempliraient les conditions nécessaires pour être électeurs avant le 1er avril de l'année (5);

4° Ceux qui auraient été précédemment omis par erreur (6).

(1) « Le registre électoral deviendra, nous le croyons, une grande et » utile institution, si, formé avec le soin le plus attentif et la justice la » plus scrupuleuse, il est tenu par une révision annuelle au courant des » mouvements de la population électorale. Il s'établira chaque année » une relation naturelle entre les listes préparées pour le recrutement de » l'armée et le registre électoral ; tous ceux qui auront été appelés pour » prendre part au service militaire dans les conditions déterminées par » les lois, seront quelques mois après investis du droit électoral.

» Auprès d'eux seront inscrits tous ceux qui, par une déclaration an» térieure, auront annoncé la volonté d'exercer leurs droits de citoyen » dans la commune. Mais si nous pouvons exiger cette déclaration pour » l'avenir, nous ne pouvons exiger qu'elle ait été faite à une époque où » la loi ne l'exigeait pas. Jusqu'à la révision du 1er janvier 1876, la ré» sidence habituelle sera constatée par les modes de preuves ordinaires » fournies à l'examen consciencieux des commissions. » (*Exposé des Motifs.*)

(2) Ne faudrait-il pas dire : « pendant l'année *précédente?* »

(3) Exiger d'un citoyen qu'il fasse une déclaration à la mairie *deux ans avant qu'il n'y acquière* un domicile électoral, mais en vue de l'acquisition éventuelle de ce domicile, cela me paraît exorbitant.

L'homme que les nécessités de la vie ont obligé à chercher une nouvelle résidence, ne peut savoir, dans les premiers moments, si elle deviendra pour lui un domicile. Il ne peut donc être raisonnablement tenu à déclaration que lorsque les indécisions de son esprit auront cessé. Il me paraîtrait suffisant (ainsi que je l'ai indiqué sous l'article 4) que la déclaration fût faite trois mois avant le 1er janvier de l'année où il acquerra la durée de domicile que j'ai fixée, sous le même article, à une année.

Pourquoi, en outre, exiger qu'il justifie avoir requis sa radiation du registre où il était précédemment inscrit? L'autorité qui ordonnera ou effectuera son inscription sur le nouveau registre, ne pourrait-elle pas, par voie de conséquence, ordonner cette radiation d'office, et en surveiller elle-même l'exécution au moyen de la correspondance administrative ? et ne serait-il pas suffisamment obvié aux abus possibles, par les pénalités des articles 65 et 67 ci-après?

(4) Dans mon système, on pourrait parfaitement exiger la déclaration à partir de la promulgation de la loi, pour être faite avant le 1er octobre suivant, en vue des listes à dresser ou du registre à revoir quand viendrait le 1er janvier.

(5) Je rappelle ici que j'ai proposé plus haut que le délai, réduit à une année, fût acquis *au 1er janvier*, et j'insiste de nouveau.

(6) Sans révoquer en doute les services que pourra rendre le registre électoral et la déclaration expresse que l'on exigerait des citoyens avant leur inscription sur ce registre, je crois que l'on pourrait tirer un utile secours des dispositions de l'article 3 de la loi du 31 mai 1850, en complétant les moyens de preuve qu'elle a indiqués de la manière suivante :

A défaut des déclarations expresses prévues par les articles 103 et 104 du Code civil, le domicile serait constaté :

1° Par l'inscription à la matrice du rôle de la contribution personnelle ou à la matrice du rôle de la prestation en nature pour les chemins vicinaux *;

* Parmi les lois rendues depuis l'établissement du suffrage universel, celle du 31 mai 1850 est la seule qui en ait référé à ce mode de vérification. Encore n'a-t-elle parlé que des *rôles* et non des *matrices* tant de la contribution personnelle et mobilière que des prestations en nature pour les chemins vicinaux.

Nous croyons que cette référence était incomplète. La raison en est manifeste. Les *matrices* contiennent les noms de tous les individus qui, domiciliés dans la commune, tomberaient sous l'application des lois, *quelle que soit leur position de fortune*. Le rôles ne contiennent plus que les individus domiciliés à l'égard desquels les Conseils municipaux n'ont pas usé de la faculté de dégrèvement qui leur est accordée par les lois. (Voir lois du 26 mars 1831, art. 12 et 16; loi du 28 mai 1836 et Circulaire ministérielle publiée pour l'exécution de cette dernière loi; Duvergier, 1836, p. 102 et 103.)

Disons, toutefois, que l'art. 15 de la loi du 31 mai 1850 contenait la disposition suivante :

« Dans les villes où le contingent personnel et mobilier est payé en totalité ou en
» partie par la caisse municipale, l'état des imposables à la taxe personnelle, dressé
» par les commissaires répartiteurs, assisté du contrôleur des contributions directes et
» qui sert à déterminer le contingent de la Commune, sera soumis chaque année au
» Conseil municipal

» L'inscription sur l'état des imposables équivaudra à l'inscription au rôle de la taxe
» personnelle.

Cet *état des imposables* ne parait pas être autre chose que la *matrice* tenue au courant d'année en année.

2° Par la déclaration des pères ou mères, beaux-pères ou belles-mères ou autres ascendants, en ce qui concerne les fils, petits-fils, gendres ou autres ascendants majeurs, vivant dans la maison des déclarants et qui, par application de lois spéciales n'ont pas été portés au rôle de la contribution personnelle;

3° Par la déclaration des maîtres et patrons, en ce qui concerne les majeurs qui servent ou travaillent habituellement chez eux, lorsque ceux-ci demeurent dans la même maison que leurs maîtres ou patrons ou dans des bâtiments d'exploitation **;

Pour faire les déclarations mentionnées sous les n°s 2 et 3, les ascendants, maîtres ou patrons, devront posséder eux-mêmes les conditions de domicile fixées par l'article 2.

4° A l'égard des citoyens logeant en garni, par la déclaration des maîtres d'hôtels, aubergistes ou logeurs, appuyée de la présentation, par extraits, des livres qu'ils doivent tenir conformément aux lois et réglements de police.

Ces extraits devront être certifiés et visés par les commissaires de police du domicile ***;

5° A l'égard des citoyens demeurant dans leurs meubles, par la dé-

** Ne doivent pas être considérés comme bâtiments d'exploitation, les habitations annexées à divers établissements industriels et qui, sans être indispensables à l'exploitation, sont spécialement destinés à loger des ouvriers. C'est là, en effet, pour eux une maison d'habitation distincte, qui les rend susceptibles d'être imposés à la contribution personnelle et les place sous l'application de notre n° 1.

*** Aux termes de la loi du 19-22 juillet 1791: « Dans les villes et dans les campagnes, » les aubergistes, maîtres d'hôtels garnis et logeurs seront tenus d'inscrire de *suite et* » *sans aucun blanc*, sur un registre en papier timbré et paraphé par un officier muni- » pal ou un commissaire de police, les noms, qualités, domicile habituel, dates d'en- » trée et de sortie de tous ceux qui coucheront chez eux, même une seule nuit; de » représenter ce registre sous les quinze jours et, en outre, toutes les fois qu'ils en » seront requis, soit aux officiers municipaux, soit aux officiers de police ou aux citoyens » commis par la municipalité. »

La loi du 2 germinal, an IV, art. 9, a recommandé l'exécution sévère de la précédente aux Commissaires de police et Agents municipaux.

L'article 154 du Code pénal déclare passibles d'un emprisonnement de six jours à un mois les logeurs et aubergistes qui, sciemment, inscriront sur leurs registres, sous des noms faux et supposés, les personnes logées chez eux.

L'article 475, n° 2, punit « d'une amende de 6 à 10 francs les aubergistes, hôteliers, » logeurs ou loueurs de maisons garnies, qui auront négligé d'inscrire de suite et sans » aucun blanc, sur un registre régulièrement tenu, les noms... (voir l'art. 5 de la » loi de 1791), ceux d'entre eux qui auraient manqué à représenter ce registre aux » époques déterminées par les réglements ou lorsqu'ils en auraient été requis, aux » maires, adjoints, officiers ou commissaires de police, ou aux citoyens commis à cet » effet. »

Il semble donc que si les maires et officiers de police tiennent rigoureusement la main à la tenue des livres et au visa de quinzaine, on trouvera dans le contrôle des certificats par les livres des moyens de vérification satisfaisants.

claration des propriétaires ou bailleurs dans l'immeuble desquels ils habitent ou ont habité depuis l'époque fixée par l'article 2 ci-dessus, conformément aux dispositions de la loi du 23 août 1871 ****.

Les déclarations dont il est parlé dans les nos 2, 3, 4 et 5 ci-dessus, seraient faites par écrit sur des formules délivrées gratis. Ces formules devraient être remises chaque année au maire avant le 1er octobre, date fixée par mes annotations sur l'article 4.

Les personnes dénommées sous lesdits numéros et qui ne pourraient pas faire leur déclaration par écrit, devraient se présenter avant ladite époque, assistés de deux témoins domiciliés dans la commune ou le canton, devant le maire pour faire leur déclaration.

En cas d'empêchement ou de refus de leur part de délivrer lesdites déclarations, le domicile serait constaté par le juge de paix de la circonscription.

Il est bien entendu que ce ne serait point, de la part du juge de paix, un acte de juridiction; car il ne ferait que suppléer les personnes empêchées ou refusantes, et il ne serait appelé à faire que ce qu'elles feraient elles-mêmes.

Art. 10. La commission en retranchera :

1° Les individus décédés;

2° Ceux qui ont perdu les qualités requises;

3° Ceux qu'elle reconnaîtra avoir été indûment inscrits, quoique leur inscription n'ait pas été attaquée;

**** Aux termes de cet article, tout bail fait par écrit doit être enregistré dans les trois mois de sa date, conformément à la législation antérieure.

Tout bail non écrit doit être déclaré par le propriétaire ou bailleur au receveur de l'Enregistrement :

1° Pour les locations ne dépassant pas trois ans et dont le prix annuel n'excède pas cent francs, pourvu que les prix cumulés de ces locations dépassent cent francs;

2° Pour toutes les locations supérieures à cent francs et n'excédant pas trois cents fr.

3° Pour les locations supérieures à trois cents francs, si elles ne sont pas déclarées par le locataire.

On trouvera donc, dans les déclarations qui ont dû être faites entre les mains des receveurs de l'Enregistrement sur toute la surface du territoire, depuis la promulgation de cette loi, un moyen efficace de contrôle pour les déclarations des propriétaires ou bailleurs, d'autant plus que les formules délivrées par la régie ont une colonne séparée pour les époques d'entrée en jouissance.

Les nos 3 et 4 ne figuraient pas dans la loi du 31 mai 1850; mais les dispositions qu'ils contiennent nous ont paru découler de la nature des choses.

4° Ceux dont la radiation a été ordonnée par l'autorité compétente ;

5° Ceux qui ont transporté leur domicile électoral dans une autre commune, conformément au paragraphe 2 de l'article 9 de la présente loi ;

6° Ceux qui ont cessé depuis cinq ans de résider habituellement dans la commune, et n'y ont pas exercé pendant le même délai leurs droits électoraux (1).

La commission tiendra un registre de toutes ses décisions, et elle y mentionnera les motifs et les pièces à l'appui.

(1) « Comme les nouveaux électeurs viennent prendre place sur le registre électoral, ceux qui ont perdu d'une manière absolue le droit de voter ou qui ont transporté leur domicile électoral dans une autre commune doivent être retranchés. Si même des électeurs cessent d'habiter leur commune et d'y exercer leurs droits électoraux pendant cinq ans, il nous paraît juste de ne pas les maintenir. Vous avez décidé, par une loi récente, que, pour être élu au premier tour de scrutin, il fallait obtenir un nombre de voix égal au quart des électeurs inscrits ; tout au moins faut-il ne compter que de vrais électeurs et en retrancher ceux qu'une trop longue absence a dérobés aux regards de leurs concitoyens. »

(*Exposé des motifs.*)

Ainsi donc, il faudra le concours des deux circonstances : 1° Absence continuée pendant cinq ans ; 2° non exercice des droits électoraux pendant le même délai. Une seule de ces deux circonstances n'entraînerait pas la radiation.

Art. 11. Le tableau contenant les additions et retranchements faits par la commission au registre électoral sera déposé au plus tard dans les vingt jours au secrétariat de la commune pour y être communiqué à tout requérant. Il pourra être copié et reproduit par la voie de l'impression. Le jour même du dépôt du tableau de révision, avis de ce dépôt sera donné par affiches apposées aux lieux accoutumés.

Art. 12. Une copie de ce tableau et du procès-verbal constatant l'accomplissement des formalités prescrites par les deux articles précédents sera transmise en même temps au sous-préfet de l'arrondissement, qui l'adressera au préfet et au juge de paix, qui l'adressera au procureur de la République.

Art. 13. Si le préfet estime que les formalités et les délais prescrits par la loi n'ont pas été observés, il devra, dans les dix jours de l'envoi par le maire, déférer les opérations de la commission au conseil de préfecture, qui statuera dans les trois jours et fixera, s'il y a lieu, le délai dans lequel les opérations annulées devront être refaites.

Art. 14. Tout citoyen omis sur le registre pourra, dans le mois à compter de l'apposition des affiches, présenter sa réclamation à la mairie (1).

Dans le même délai, tout électeur inscrit sur l'un des registres électoraux de la circonscription et le procureur de la République pourront réclamer l'inscription d'un citoyen omis.

A toute époque de l'année, la radiation d'un individu indûment inscrit pourra être réclamée par tout électeur inscrit sur l'un des registres de la circonscription et par le procureur de la République (2).

Il sera ouvert dans chaque mairie un registre sur lequel les réclamations seront inscrites par ordre de date. Le maire devra donner récépissé de chaque réclamation.

(1) Comme le dépôt à la mairie a lieu le 20 janvier, en vertu de l'art. 11, et que les citoyens ont jusqu'au 20 février pour présenter leurs réclamations, il est facile de reconnaître combien le temps restant pour le contrôle, les renseignements à obtenir, etc., est insuffisant et combien il serait indispensable que les demandes à fin d'inscription des nouveaux domiciliés fussent présentées avant le 1er octobre de l'année précédente, ainsi que je l'ai demandé sous l'art. 4.

(2) Je ne saisis pas les raisons qui ont pu dicter ce paragraphe; il me parait, d'ailleurs, en contradiction manifeste avec les art. 25 et 26 qui

déclarent qu'à partir du 31 mars le registre sera arrêté jusqu'au 31 mars de l'année suivante. Mais, cette contradiction à part, pourquoi les électeurs inscrits et le procureur de la République auraient-ils un plus long délai pour requérir la radiation que l'inscription, et pourraient-ils demander la première à toute époque de l'année ?

L'Exposé des motifs ne dit rien à propos de cette innovation que je considère comme très-dangereuse et pouvant donner lieu, à certaines époques, à de véritables manœuvres de la part des partis. Je demanderais donc qu'on en revînt aux dispositions de la législation précédente. (Loi du 15 mars 1849, art. 10.) « Dans le même délai, tout citoyen inscrit » sur l'une des listes électorales de la circonscription pourra réclamer » l'inscription ou la radiation de tout individu omis ou indûment » inscrit. » Je comprendrais cependant qu'on y ajoutât l'intervention du ministère public qui peut être utile pour dénoncer les incapacités pénales. Il serait, en outre, bien entendu que cette disposition ne s'appliquerait pas aux incapacités survenues depuis le 31 mars telles que faillites, banqueroutes, condamnations judiciaires, etc. Dans tous les cas, l'homme dûment inscrit n'en doit pas moins être rayé, à raison d'incapacités légales survenues postérieurement. (Voir l'art. 26 du Projet.)

Art. 15. L'électeur dont l'inscription aura été contestée en sera averti, sans frais, par le maire et pourra présenter ses observations.

Art. 16. Les réclamations seront jugées dans les dix jours par la commission chargée de la révision annuelle.

Art. 17. Notification de la décision sera, dans les trois jours, faite aux parties intéressées par le ministère d'un agent assermenté.

Elles pourront en appeler dans les cinq jours de la notification.

Art. 18. L'appel sera porté devant le tribunal civil (1). Il sera formé par simple déclaration au greffe de ce tribunal ou au greffe de la justice de paix du canton; en ce cas, le greffier du juge de paix sera tenu de le transmettre dans les vingt-quatre heures au greffe du tribunal.

(1) « Au surplus, toute inscription nouvelle, comme toute radiation, est soumise au contrôle des parties intéressées : la commission de révision peut être appelée à se prononcer de nouveau, et le tribunal civil est le juge souverain des réclamations qui se produisent. Nous avons admis comme garantie de ce droit des formes de procédure qui ne s'écartent pas notablement de celles qui avaient été tracées par les lois précédentes. » (*Exposé des motifs.*)

— Encore une innovation dont les motifs ne sont pas donnés ! Sous la législation précédente (Loi du 15 mars 1849, article 14, décret du 2 février 1852, art. 22), l'appel était porté devant le juge de paix, magistrat beaucoup plus à la portée des parties intéressées et qui connaît, en général, le personnel de son canton ; la justice proprement dite n'intervenait que quand il y avait des *questions d'Etat.* (Mêmes articles.) Je ne suppose pas que ce soit pour mettre en campagne les officiers du ministère public et donner à un auditoire le plaisir d'entendre leurs conclusions, que la juridiction ait été ainsi modifiée ; je crains, de plus, que l'on n'ait pas pensé aux frais qu'entraînera nécessairement la nécessité d'un voyage au chef-lieu d'arrondissement. Autre chose est d'aller de la commune au chef-lieu du canton ; autre chose d'aller jusqu'au chef-lieu de l'arrondissement... D'ailleurs les parties se présentent elles-mêmes devant le juge de paix ; le pourront-elles devant le tribunal ? Et quand on leur en reconnaîtrait le droit, cela sera-t-il praticable ? Qu'adviendrait-il, d'ailleurs, si, comme la nécessité en est généralement reconnue, on venait à supprimer tout ou partie des tribunaux de sixième classe et si le prétoire se trouvait d'autant plus éloigné des parties intéressées ? Tout bien considéré, je crois donc qu'il vaut mieux en revenir aux juges de paix.

Art. 19. Lorsque la demande en radiation sera formée plus d'un mois après l'apposition des affiches dont il est parlé à l'art. 12, elle sera portée directement devant le tribunal civil.

Art. 20. Le tribunal statuera dans les dix jours, sans frais ni formes de procédure, et sur simple avertissement donné cinq jours à l'avance à toutes les parties intéressées. Le ministère public sera entendu en ses conclusions.

Art. 21. La décision du tribunal sera en dernier ressort, mais elle pourra être déférée à la Cour de cassation.

Art. 22. Le pourvoi ne sera recevable que s'il est formé dans les dix jours de la notification de la décision. Il ne sera pas suspensif. Il sera formé par simple requête, dispensé de l'intermédiaire d'un avocat à la cour et jugé d'urgence, sans frais ni consignation d'amende (1).

(1) On pourrait croire, au premier abord, que cette disposition de l'art. 22 répond à ma question sur l'art. 20. Le ministère d'un avoué près le tribunal ne sera pas plus nécessaire que celui d'un avocat à la Cour de cassation. En théorie, c'est fort bien; mais, dans la pratique, je m'en rapporte à ceux qui ont quelque expérience des tribunaux !

Art. 23. Tous les actes judiciaires en matière électorale seront dispensés du timbre et enregistrés gratis.

Les extraits des actes de naissance nécessaires pour établir l'âge des électeurs et leurs certificats administratifs seront délivrés gratuitement, sur papier libre, à tous réclamants; ils porteront en tête de leur texte l'énonciation de leur destination spéciale, et ne seront admis pour aucune autre.

Art. 24. Le procureur de la république donnera immédiatement avis au maire des jugements définitifs et veillera à leur exécution.

Art. 25. Dans les trois mois qui suivront la promulgation de la présente loi, pour la première confection du tableau électoral, et, pour la révision annuelle, le 31 mars de chaque année, le maire opère toutes les rectifications régulièrement ordonnées, transmet au procureur de la république le tableau des rectifications ainsi.effectuées et arrête définitivement le registre électoral de la commune.

Art. 26. Le registre électoral restera jusqu'au 31 mars de l'année suivante tel qu'il a été arrêté, sauf néanmoins les changements qui seraient ordonnés ultérieurement par décision du tribunal, et sauf aussi la radiation des noms des électeurs décédés ou privés des droits civils et politiques par jugements définitifs (1).

(1) Conformément aux observations que j'ai présentées sur l'art. 14, j'entends cet article en ce sens que les changements qui seraient ordonnés ultérieurement par décisions de justice ne pourraient se rapporter qu'à des litiges *soulevés en temps utile, c'est-à-dire dans le mois à partir de l'affiche* et non à toute époque de l'année; et que la privation des droits civils et politiques devrait provenir de jugements définitifs rendus depuis le 31 mars, c'est-à-dire depuis la clôture des listes.

TITRE III.

Des Eligibles (1).

Art. 27. Sont éligibles à la Chambre des Représentants, sans condition de cens ni de domicile, les citoyens âgés de vingt-cinq ans, qui sont électeurs, conformément aux dispositions de la présente loi (2)..

Art. 28. Tout Sénateur ou Représentant qui, pendant la durée de son mandat, aurait été frappé d'une condamnation emportant privation du droit électoral sera déchu de ses fonctions législatives (3). La déchéance sera prononcée par la Chambre dont il faisait partie.

(1) « Le titre III du Projet règle les conditions d'éligibilité : nous avons adopté les règles sévères d'incompatibilité déjà consacrées par la loi du

15 mars 1849; nous nous conformons en même temps aux principes de votre loi du 25 avril 1872 dont nous avons reproduit plusieurs dispositions. » (*Exposé des motifs.*)

(2) Je demanderais que l'on transportât ici l'incapacité créée par l'art. 7 de la loi du 10 août 1871 ainsi conçu : « Ne peuvent être élus » membres d'un Conseil général les individus pourvus d'un conseil judi- » ciaire. » Ç'a été là une innovation très-utile, et l'on ne pouvait que s'étonner de voir, notamment sous l'Empire, des prodigues déclarés judiciairement incapables de gérer leurs propres affaires, délibérer et voter sur les affaires publiques.

(3) Cette rédaction me paraît incomplète, car la déclaration de faillite n'est point une *condamnation*, dans le sens légal de ce mot; cependant elle entraîne la déchéance du droit électoral.

De plus, si l'on adoptait la proposition contenue dans la note qui précède, il serait bien entendu que le Représentant ou le Sénateur qui viendrait à être pourvu d'un conseil judiciaire encourrait forcément la déchéance du mandat législatif.

Art. 29. Toute fonction publique rétribuée est incompatible avec le mandat de Représentant.

Sont exceptées les fonctions de Ministre, de Sous-Secrétaire d'État, d'Ambassadeur ou Ministre plénipotentiaire, de Préfet de la Seine (1).

(1) On peut se demander pourquoi le préfet de la Seine reste éligible, bien que l'Assemblée nationale ne siége pas dans son département, tandis que le préfet du département de Seine-et-Oise ne l'est pas. Tant que nos Assemblées siégaient à Paris, l'exception pouvait s'expliquer; il en est tout autrement aujourd'hui et la même question se reproduira tant que nos législateurs ne se seront pas résignés à rentrer dans la capitale.

Mais j'irais plus loin et je demanderais purement et simplement la suppression de cet alinéa. Je ne vois aucune nécessité à ce que le Président de la République, qui nomme et révoque les ministres, soit obligé de les prendre, soit parmi les membres des Assemblées législatives, soit de la main des membres de ces Assemblées.

1° En théorie, il est responsable; mais n'est-il pas évident que si des ministres lui sont imposés par la majorité, il doit cesser de l'être ? C'est alors la majorité qui gouverne, et le Président passe à l'état de roi non héréditaire. « Il règne, et ne gouverne pas », ce qui est essentiellement contraire à la théorie républicaine.

2° On aura beau concentrer dans ses mains, par de beaux articles de loi, tout le pouvoir exécutif, le personnel et le matériel de l'administration; s'il n'a pas le libre choix de ses intermédiaires naturels et forcés (les ministres), et si les Assemblées législatives peuvent lui imposer leurs chefs par des coups de majorité, le Président n'est plus qu'un mannequin, et tout le mécanisme constitutionnel est faussé.

3° En admettant que l'Assemblée nationale actuelle, nommée au milieu des circonstances les plus extraordinaires, leur ait emprunté le caractère exceptionnel dont elle se targue, et soit, ainsi qu'elle le prétend, souveraine, ce serait abuser étrangement des mots, que de conclure de la souveraineté au despotisme. Or, la concentration directe ou indirecte de tous les pouvoirs dans une seule main et le despotisme, c'est une seule et même chose. Il n'y a de salut pour les nations que dans la *séparation des pouvoirs*. Ce principe, toutes les Constitutions l'ont placé au fronton de l'édifice, bien que tous les Gouvernements et les Assemblées se soient successivement et exclusivement appliqués à le réduire, en fait, à l'état de lettre morte, et à paralyser les pouvoirs rivaux.

4° Une cruelle expérience nous a démontré que le plus insupportable des despotismes est celui des Assemblées, parce qu'il est le plus instable et le plus irresponsable. Un Président est nommé pour un temps déterminé, pendant lequel il gouvernera dans le sens des idées qui prévalaient au moment où il a été choisi et en vue desquelles le choix s'est arrêté sur lui; il y a là une garantie de durée pour l'application de ces mêmes idées et une nécessité d'ajournement pour les idées contraires. Mais la majorité des Assemblées est journalière; et si, par les ministres, vous leur livrez le gouvernement, vous instituez la révolution en permanence.

Pourquoi donc chercher bien loin la cause de nos bouleversements? Cette cause, on la trouvera dans la compétition des portefeuilles. Si vous les mettez hors de la portée des chefs de partis en supprimant l'exception proposée par l'article 29 du Projet, en faveur des ministres, on n'aura presque plus d'intérêt à assassiner les gens dont on n'hériterait pas, et je suis convaincu que cette seule mesure fera faire un pas énorme à la pacification des partis. Cette conviction, au surplus, n'est pas nouvelle chez moi. Dans un travail qui a été imprimé pendant le siége et qui a été distribué par moi, en juillet 1871, à MM. les membres de l'Assemblée nationale, je critiquais déjà l'article 63 de la Constitution de 1848 et je m'exprimais comme on peut le voir note 3, page 65.

—Inutile, je crois, d'ajouter que l'expérience des deux dernières années n'a pas dû modifier ma manière de voir *. Parlerai-je maintenant des sous-secrétaires d'État, des ambassadeurs ?

La raison d'être des sous-secrétaires d'État ne se trouve que dans l'absorption du ministre par les débats et les travaux parlementaires et dans la nécessité de lui substituer, pour la surveillance et l'expédition des affaires administratives, un *alter ego* qui reste entièrement étranger à ces mêmes débats et à ces mêmes travaux des Assemblées législatives. Mais s'il fait partie de ces Assemblées, elles l'absorberont comme son chef lui-même; et le but sera manqué.

—Et les ambassadeurs ! Quelle singulière exception qui tombe précisément sur des fonctionnaires que la nature délicate de leur emploi tient constamment en dehors non-seulement du siége des Assemblées, mais de la France même, et place, par conséquent, dans l'impossibilité de remplir leur mandat de Représentants.

Art. 30. Tout fonctionnaire rétribué, élu Représentant, sera réputé démissionnaire de ses fonctions par le seul fait de son admission comme membre de la Chambre, s'il n'a pas opté avant la vérification des pouvoirs.

Le Représentant qui accepte des fonctions publiques salariées est réputé démissionnaire par le seul fait de son acceptation (1).

* Je dois à l'obligeance de M. Herold la connaissance récente de son remarquable projet de loi électorale publié en 1870, mais qui n'était pas tombé dans mes mains à cette époque. J'en extrais les lignes suivantes qui démontrent que mon opinion n'est point isolée.

« Je ne suis pas, je l'avoue, partisan de la compatibilité des fonctions de ministre » avec le mandat législatif. Ce rétablissement d'une des institutions les plus justement » critiquées du régime parlementaire (voir Bastiat, *Incompatibilités parlementaires*), » me semble condamné par une conception plus démocratique du pouvoir exécutif. Que » le chef ou les chefs du pouvoir exécutif puissent être pris dans l'Assemblée des Repré- » sentants, je le comprends, parce qu'il est impossible d'exclure du choix les chefs de » partis qui figurent nécessairement dans cette Assemblée. Mais les ministres doivent être » de simples administrateurs placés à la tête des services publics. Ces services gagneraient » nécessairement à ce que les hommes qui les dirigent ne fussent pas mêlés aux luttes » politiques proprement dites. En outre, le député-ministre possède des moyens de pres- » sion électorale d'une puissance énorme. Enfin le désir de posséder ces moyens ainsi » que les autres avantages attachés à la situation de ministre, sans cesser pour cela » d'être député, est une excitation permanente aux luttes personnelles dans le sein du » parlement. Quoique l'opinion que j'émets ici ait triomphé en 1852, date néfaste, je » ne puis l'abandonner.... »

Il pourra néanmoins être chargé de missions extraordinaires et temporaires à l'intérieur ou à l'étranger (2).

(1) Je ne sais si cette disposition est suffisante. Sans être misanthrope, on peut prévoir telle circonstance où des membres de l'Assemblée des Représentants troqueraient leur siége contre leur nomination par le pouvoir exécutif à des fonctions beaucoup plus rétribuées ou inamovibles; je crois même que les exemples ne manqueraient pas dans le passé. Ne serait-il pas, dès lors, plus prudent de rendre presque impossibles des marchés de ce genre ou même, sans qu'il y eût marché, les velléités ambitieuses de nos Représentants en les déclarant *inhabiles à accepter des fonctions publiques salariées avant l'expiration d'un délai de six mois à partir de la cessation de leurs fonctions.* La loi du 25 avril 1er mai 1872, connue sous le nom de son auteur, M. Princeteau, me paraît contenir à cet égard toutes les dispositions désirables.

J'en rappelle ici les deux premiers articles :

« Art. 1er Aucun membre de l'Assemblée nationale ne pourra, pen- » dant la durée de son mandat, être nommé à des fonctions publiques » salariées, ni, s'il est déjà fonctionnaire, obtenir de l'avancement.

» En cas de démission, ces interdictions continueront d'être appliquées » au membre démissionnaire pendant les six mois qui suivront sa dé- » mission ou jusqu'à la dissolution de l'Assemblée, si cette dissolution » a lieu avant l'expiration des six mois.

» Art 2. Sont exceptées des dispositions de l'article précédent : 1° les » fonctions données au concours ou à l'élection ; 2° les fonctions de Mi- » nistre, de Sous-Secrétaire d'État, d'Ambassadeur, de Ministre plénipo- » tentiaire, de Préfet de la Seine. »

J'admets parfaitement l'exception placée sous le n° 1 de l'article 2. Le concours ou l'élection sont tout à fait en dehors de l'action gouvernementale; les raisons que j'ai données plus haut ne subsisteraient donc plus.

Quant au n° 2 de ce même article, je ne puis que renvoyer à mes observations sur l'article 29.

— Dans la discussion sur la loi Princeteau, MM. Schœlcher et Rouvier avaient proposé d'en revenir purement et simplement à la législation du temps de Louis-Philippe en soumettant à la réélection le Représentant nommé ou promu. C'était montrer peu de mémoire et aussi, disons-le, peu de connaissance de la nature humaine.

Peu de mémoire, car pendant les 17 ou 18 ans que ce système a été appliqué, je crois qu'on trouverait bien peu d'exemples d'un député soumis à la réélection dans de pareilles circonstances et qui, *s'il s'est représenté*, n'ait pas été réélu.

Peu de connaissance de la nature humaine, car les députés sont au moins autant les mandataires que les représentants de leurs électeurs : ceux-ci attendent de ceux-là mille services. Toute nomination ou promotion qui témoignait de l'influence du mandataire auprès du Gouvernement le rendait d'autant plus recommandable aux yeux de ses mandants, en le leur signalant comme plus utile. Or, le suffrage universel n'a guère fait que déplacer la question, en transportant l'influence électorale des individus isolés aux principaux meneurs et organisateurs des élections.

(2) Cette disposition est empruntée aux lois de la République de 1848, et ne m'en paraît pas meilleure. Elle se ressent des temps de révolution où elle a été édictée ; mais elle rappelle malheureusement les missions données par la Convention de 1792 à ses membres auprès des armées et dans les départements ; et ces douloureux souvenirs n'offrent rien qui puisse la protéger. Les lois sont faites pour les époques normales et non pour les époques révolutionnaires où les chefs du jour ne savent que trop bien les réduire au silence. Je supprimerais donc cette autorisation que je considère comme purement révolutionnaire.

— A l'incompatibilité des fonctions publiques salariées, l'article 81 de la loi du 15 mars 1849 en avait ajouté d'autres que le décret du 2 février 1852 n'a pas reproduites. Peut-être témoignaient-elles d'une défiance exagérée ; peut-être y aurait-il lieu de distinguer entre le n° 1 et le n° 2, d'adopter le premier avec ses conséquences et de négliger le second. Je me contenterai de rappeler ici cet article.

« Ne peuvent être élus Représentants du peuple :

» 1° Les individus chargés d'une fourniture pour le Gouvernement ou » d'une entreprise de travaux publics.

» 2° Les Directeurs et Administrateurs de chemins de fer;

» Tout Représentant du peuple qui, pendant le cours de son mandat, » aura entrepris une fourniture du Gouvernement, ou accepté une place » soit de directeur, soit d'administrateur de chemin de fer, ou qui aura » pris un intérêt dans une entreprise soumise au vote de l'Assemblée » nationale, sera réputé démissionnaire et déclaré tel par l'Assemblée » nationale.

» Tout marché passé par le Gouvernement avec un membre de la lé- » gislature dans les six mois qui la suivent est déclaré nul.

» Les dispositions précédentes ne s'appliquent pas, pour l'élection » de la prochaine législature, aux individus ayant passé des marchés » avec le Gouvernement antérieurement à la promulgation de la pré- » sente loi. »

Art. 31. Ne peuvent être élus par l'arrondissement compris en tout ou en partie dans leur ressort, pendant l'exercice de leurs fonctions et pendant les six mois qui suivent la cessation de leurs fonctions par démission, destitution, changement de résidence ou de toute autre manière (1) :

1° Les Premiers Présidents, les Présidents et les membres des parquets des Cours d'appel;

2° Les Présidents, les Vice-Présidents, les Juges d'instruction et les membres des parquets des tribunaux de première instance ;

3° Le Préfet de police, les Préfets et Sous-Préfets et les Secrétaires généraux de préfecture ;

4° Les Ingénieurs en chef et d'arrondissement ;

5° Les Recteurs et Inspecteurs d'académie ;

6° Les Inspecteurs des écoles primaires ;

7° Les Archevêques, Évêques et Vicaires généraux ;

8° Les Officiers généraux commandant les divisions et subdivisions militaires ;

9° Les Intendants divisionnaires et les Sous-Intendants militaires ;

10° Les Préfets maritimes ;

11. Les Trésoriers payeurs généraux, les Receveurs particuliers des finances;

12° Les Directeurs des contributions directes et indirectes, des domaines, de l'enregistrement et des douanes ;

13° Les Conservateurs et Inspecteurs de forêts.

Cette prohibition s'applique, pour les colonies, aux Gouverneurs et à tous les citoyens y remplissant une fonction correspondante à l'une de celles énumérées au présent article.

(1) Il me semble que je trouve, dans les termes mêmes de cet article, la justification des délais prohibitifs que j'ai proposés sous l'article précédent. Pourquoi le délai de six mois dont il est question ici ? C'est, apparemment, parce que le législateur suppose que l'influence des fonctionnaires

énumérés dans l'article 31 ne s'éteint pas au moment même où leurs fonctions expirent; qu'elle se prolongerait au contraire pendant un certain temps et qu'elle nuirait à la libre manifestation de la volonté des électeurs. Mais, s'il en est ainsi, ne convient-il pas de fournir à la reconnaissance ministérielle le même délai de six mois après la cessation des fonctions du Représentant, pour qu'elle ait le temps de se refroidir et de faire place au seul sentiment de la justice et à la saine appréciation des anciens services ou des mérites administratifs du Représentant démissionnaire?

Art. 32. Le Sénateur ou Représentant élu par plusieurs colléges électoraux sera tenu de faire connaître son option dans le mois qui suivra la déclaration de validité des élections entre lesquelles il doit opter. A défaut d'option dans ce délai, il sera décidé par la voie du sort à quel département ou arrondissement il appartiendra (1).

(1) Le Projet ne détermine pas les délais dans lesquel il devra être procédé à une nouvelle élection, non-seulement en cas d'option, mais encore en cas de décès, démission ou pour toute autre cause.

Il y a là une omission involontaire sans doute, mais évidente, et qui doit être réparée.

L'article 81 de la loi du 15 mars 1849 disait « qu'en cas de vacance » par décès, option, démission ou autrement, le collége électoral qui doit » y pourvoir, serait convoqué dans le délai de quarante jours (pour la » France continentale). »

Le délai avait été étendu par l'article 14 de la loi du 31 mai 1850 à six mois à partir de la notification qui devrait être faite par le Président de l'Assemblée nationale au Ministre de l'intérieur.

Le décret du 2 février 1852, article 8, s'est approprié le délai de six mois.

Je le trouve, quant à moi, beaucoup trop long. Il ne me paraît avoir été imaginé que pour donner le temps au Gouvernement ou aux partis de travailler la matière électorale*. En tous cas, il a pour conséquence de priver, sans nécessité reconnue ni avouable, un certain nombre d'élec-

* Ne suffit-il pas, pour en demeurer convaincu, de jeter les yeux sur ce qui se passe cette année même, et presque au moment où j'écris.

teurs de peser, par leurs Représentants, dans la balance des résolutions législatives, et j'insisterais pour que le délai de 40 jours fût rétabli.»

TITRE IV.

De l'Élection.

Art. 33. L'élection des Sénateurs et des Représentants a lieu par le vote de tous les électeurs au chef-lieu de la commune où ils ont leur domicile électoral (1).

Chaque commune peut être divisée, par arrêté du Préfet, en autant de sections que le rend nécessaire le nombre des électeurs inscrits. L'arrêté pourra fixer le siége de ces sections ailleurs qu'au chef-lieu de la commune.

(1) Le choix à faire entre l'élection au canton et l'élection à la commune a été fort controversé. Je me rallierai, quant à moi, au vote à la commune que le décret du 2 février 1852 avait déjà établi, malgré les termes de la Constitution de 1848. Il me paraît favoriser davantage l'exercice du droit électoral, puisqu'il évite des déplacements; et je ne vois pas en quoi il en compromettrait l'indépendance.

Art. 34. Les colléges électoraux seront convoqués par un décret du Président de la République : l'intervalle entre la promulgation du décret et l'ouverture des colléges électoraux est de vingt jours au moins.

Art. 35. Continueront à être observées jusqu'à ce qu'il y ait été légalement dérogé, les dispositions du titre II du décret réglementaire du 2 février 1852 sur la tenue des colléges électoraux.

Seront également observées les dispositions pénales du titre IV du décret organique du même jour (1).

(1) A propos de cet article, l'Exposé des motifs s'exprime ainsi :

« Les décrets organiques et réglementaires du 2 février 1852 contiennent sur la tenue des collèges électoraux et sur la poursuite des délits commis à l'occasion des élections des dispositions qui continueront à être observées. Elles ne sont pas irréprochables; elles pourront être améliorées plus tard; pour le moment elles suffisent ».

Mais je ne saurais donner mon approbation à ce mode de procéder. Combien de fois ne s'est-on pas plaint des difficultés qu'engendrent ces renvois perpétuels à la législation antérieure et au premier rang desquelles il faut placer la nécessité, pour les fonctionnaires et les simples particuliers, d'avoir toujours sous la main une bibliothèque !

Je proposerais donc que l'on supprimât purement et simplement cet article de renvoi et qu'on mît à la suite, sous les n°s 5 et 6, les deux titres auxquels il s'applique.

Je les transcris ici avec mes observations.

ADDITIONS PROPOSÉES

TITRE V.

Des Colléges électoraux.

Art. 36. Les colléges électoraux s'ouvrent au jour fixé par la loi ou par le décret du Président de la République, pour les élections auxquelles ils doivent procéder. Ils devront être réunis, autant que possible, un dimanche ou un jour férié.

Art. 37. Les électeurs se réunissent au chef-lieu de la commune.

Chaque commune peut, néanmoins, être divisée par arrêté du Préfêt en autant de sections que le rend nécessaire le nombre des électeurs inscrits. L'arrêté pourra fixer le siége de ces sections hors du chef-lieu de la commune (1).

(1) La loi du 15 mars 1849 (article 28) portait que le tableau des sections serait arrêté par le Préfet, conformément à l'avis du conseil général, les conseils cantonaux (lisez *d'arrondissement*) préalablement consultés, et qu'il serait révisé tous les trois ans. Je ne verrais pas d'inconvénient à reproduire cette disposition.

Art. 38. Les colléges électoraux ne peuvent s'occuper que de l'élection pour laquelle ils sont réunis.

Toutes délibérations, toutes discussions leur sont interdites.

Art. 39. Le président du collége ou de la section a seul la police de l'assemblée.

Nulle force armée ne peut, sans son autorisation, être placée dans la salle des séances ni aux abords du lieu où se tient l'assemblée.

Les autorités civiles et les commandants militaires sont tenus de déférer à ses réquisitions.

Art. 40. Le bureau de chaque collége ou section se compose d'un président, de quatre assesseurs et d'un secrétaire choisi par eux parmi les électeurs.

Dans les délibérations du bureau, le secrétaire n'a que voix consultative.

Art. 41. Les colléges et sections sont présidés par les maire, adjoints et conseillers municipaux de la commune; à leur défaut, les présidents sont désignés par le maire parmi les électeurs sachant lire et écrire.

A Paris, les sections sont présidées, dans chaque arrondissement, par les maires, adjoints et par les électeurs désignés par eux.

Art. 42. Les assesseurs sont pris, suivant l'ordre du tableau, parmi les conseillers municipaux sachant lire et écrire; à leur défaut, les assesseurs sont les deux plus âgés et les deux plus jeunes électeurs présents sachant lire et écrire.

A Paris, les fonctions d'assesseurs sont remplies par les deux plus âgés et les deux plus jeunes électeurs présents sachant lire et écrire.

Art. 43. Trois membres du bureau au moins doivent être présents pendant tout le cours des opérations du collége.

Art. 44. Le bureau prononce provisoirement sur les difficultés qui s'élèvent touchant les opérations du collége ou de la section.

Ses décisions sont motivées. Toutes les réclamations et décisions sont insérées au procès-verbal. Les pièces ou bulletins qui s'y rapportent y sont annexés, après avoir été paraphés par le bureau.

Art. 45. Pendant toute la durée des opératiens électorales, une copie officielle de la liste des électeurs, contenant les noms, qualification et domicile de chacun des électeurs inscrits, reste déposée sur la table autour de laquelle siége le bureau.

Art. 46. Tout électeur inscrit sur cette liste a droit de prendre part au vote.

Art. 47. Ce droit est suspendu :

Pour les détenus;

Pour les accusés contumax, et pour les personnes non interdites, mais retenues, en vertu de la loi du 30 juin 1838, dans un établissement public d'aliénés.

Art. 48. Nul ne peut être admis à voter s'il n'est inscrit sur cette liste.

Toutefois, seront admis au vote, quoique non inscrits, les citoyens porteurs d'une décision du juge de paix ordonnant eur inscription, ou d'un arrêt de la Cour de cassation annulant un jugement qui aurait prononcé une radiation.

Art. 49. Nul électeur ne peut entrer dans le collége électoral s'il est porteur d'armes quelconques.

Art. 50. Les électeurs sont appelés successivement, par ordre alphabétique.

Ils apportent leurs bulletins préparés hors de l'assemblée.

Le papier du bulletin doit être blanc et sans signes extérieurs.

Art. 51. A l'appel de son nom, l'électeur remet au président son bulletin fermé.

Le président le dépose dans la boîte du scrutin, laquelle doit, avant le commencement du vote, avoir été fermée à deux serrures, dont les clefs restent, l'une entre les mains du président, l'autre entre celles du scrutateur le plus âgé.

Art. 52. Le vote de chaque électeur est constaté par la signature ou le paraphe de l'un des membres du bureau, apposé sur la liste en marge du nom du votant.

Art. 53. L'appel étant terminé, il est procédé au réappel de tous ceux qui n'ont pas voté.

Art. 54. Le scrutin reste ouvert pendant deux jours : le premier jour, depuis huit heures du matin jusqu'à six heures du soir, et le second jour, depuis heures du matin jusqu'à quatre heures du soir (1).

(1) Lorsque le vote sera établi par circonscription électorale et non par scrutin de liste, y aura-t-il encore lieu de voter pendant deux jours? Cela me paraît douteux. L'élection du 27 avril à Paris, qui a réuni 350,000 votants, a été terminée en un seul jour.

Art. 55. Les boîtes de scrutin sont scellées et déposées pendant la nuit au secrétariat ou dans la salle de la mairie. Les scellés sont également apposés sur les ouvertures de la salle où ces boîtes sont déposées.

Art. 56. Après la clôture du scrutin, il est procédé au dépouillement de la manière suivante :

La boîte du scrutin est ouverte, et le nombre des bulletins est vérifié; si ce nombre est plus grand ou moindre que celui des votants, il en est fait mention sur le procès-verbal.

Le bureau désigne parmi les électeurs présents un certain

nombre de scrutateurs sachant lire et écrire, lesquels se divisent en tables de quatre au moins.

Le président répartit entre les diverses tables les bulletins à vérifier.

A chaque table, l'un des scrutateurs lit chaque bulletin à haute voix et le passe à un autre scrutateur; les noms portés sur les bulletins sont relevés sur des listes préparées à cet effet.

Art. 57. Le président et les membres du bureau surveillent les opérations du dépouillement.

Néanmoins, dans les colléges ou sections où il se sera présenté moins de 300 votants, le bureau pourra procéder lui-même et sans l'intervention des scrutateurs supplémentaires, au dépouillement du scrutin.

Art. 58. Les tables sur lesquelles s'opère le dépouillement du scrutin sont disposées de telle sorte que les électeurs puissent circuler à l'entour.

Art. 59. Sont valables les bulletins contenant plus ou moins de noms qu'il n'y a de citoyens à élire.

Les derniers noms inscrits au delà de ce nombre ne sont pas comptés (1).

(1) Si l'on adopte le vote individuel, par circonscription électorale, cette disposition deviendra inutile pour les élections des Représentants; mais elle pourrait être maintenue en ce qui concerne l'élection des Sénateurs, s'il y est procédé par scrutin de liste, ainsi que le propose le Gouvernement.

Art. 60. Les bulletins blancs;

Ceux ne contenant pas une désignation suffisante, ou dans lesquels les votants se font connaître n'entreront point en compte dans le résultat du dépouillement, mais ils sont annexés au procès-verbal.

Art. 61. Immédiatement après le dépouillement, le résultat du scrutin est rendu public, et les bulletins autres que ceux qui, conformément aux art. 38 et 60, doivent être annexés au procès-verbal, sont brûlés en présence des électeurs.

Art. 62. Pour les collèges divisés en plusieurs sections, le dépouillement du scrutin se fait dans chaque section. Le résultat est immédiatement arrêté et signé par le bureau; il est ensuite porté par le président au bureau de la première section qui, en présence des présidents des autres sections, opère le recensement général des votes et en proclame le résultat.

Art. 63. Les procès-verbaux des opérations électorales de chaque commune sont rédigés en double.

L'un de ces doubles reste déposé au secrétariat de la mairie; l'autre double est transmis au Sous-Préfet de l'arrondissement, qui le fait parvenir au Préfet du département.

Le recensement général des votes, pour chaque circonscription électorale, se fait au chef-lieu du département en séance publique. Il est opéré par une commission de trois membres du Conseil général (1). A Paris, le recensement est fait par une commission de cinq membres du Conseil général désignés par le Préfet.

Cette opération est constatée par un procès-verbal.

(1) Le texte du décret du 2 février 1852, article 34, ne dit pas si cette Commission est déléguée par le Conseil général ou nommée par le Préfet. Cette seconde solution serait présumée, d'après ce qui est dit, immédiatement après, pour Paris. Je préférerais, quant à moi, que, soit à Paris, soit dans les départements, la Commission de trois ou cinq membres fût déléguée par le Conseil général.

Art. 64. Le recensement général des votes étant terminé, le président en fait connaître le résultat. S'il s'agit d'élections à l'Assemblée nationale, il proclame Représentant du peuple celui des candidats qui a réuni la majorité absolue des votants et le quart au moins des voix des électeurs inscrits; ou, s'il s'agit de Sénateurs, celui ou ceux qui ont réuni les mêmes conditions, dans la limite du nombre attribué au département par la loi.

Art. 65. Si aucun des candidats n'a réuni ces deux conditions (pour les Représentants du peuple), ou si le nombre de ceux qui les ont réunies est inférieur au nombre des Sénateurs à nommer, l'élection est continuée au deuxième dimanche qui suit la proclamation du premier scrutin.

Au second tour de scrutin, l'élection a lieu à la majorité relative, quel que soit le nombre des votants; dans le cas où deux candidats obtiendraient un nombre égal de suffrages, le plus âgé serait proclamé Représentant du peuple ou Sénateur.

TITRE SIXIÈME.

Dispositions pénales.

Art. 65. Toute personne qui se sera fait inscrire sur la liste électorale sous de faux noms ou de fausses qualités, ou aura, en se faisant inscrire, dissimulé une incapacité prévue par la loi, ou aura réclamé et obtenu son inscription sur deux ou plusieurs listes, sera punie d'un emprisonnement d'*un mois à un an* et d'une amende de 100 francs à 1,000 francs.

Art. 67. Celui qui, déchu du droit de voter, soit par suite d'une condamnation judiciaire, soit par suite d'une faillite non suivie de réhabilitation, aura voté, soit en vertu d'une inscription sur les listes antérieure à la déchéance, soit en vertu d'une inscriptien postérieure, mais opérée sans sa participation, sera puni d'un emprisonnement de *quinze jours à trois mois* et d'une amende de 50 francs à 500 francs.

Art. 68. Quiconque aura voté dans une assemblée électorale, soit en vertu d'une inscription obtenue dans les deux premiers cas prévus par l'article 65, soit en prenant faussement les noms et qualités d'un électeur inscrit, sera puni d'un emprisonnement de six mois à deux ans, et d'une amende de 200 francs à 2,000 francs.

Art. 69. Sera puni de la même peine tout citoyen qui aura profité d'une inscription multiple pour voter plus d'une fois.

Art. 70. Quiconque, étant chargé dans un scrutin de recevoir, compter ou dépouiller les bulletins contenant les suffrages des citoyens, aura soustrait, ajouté ou altéré des bulletins, ou lu des noms (1) autres que ceux inscrits, sera puni d'un emprisonnement d'un an à cinq ans, et d'une amende de 500 francs à 5,000 francs.

Art. 71. La même peine sera appliquée à tout individu qui, chargé par un électeur d'écrire son suffrage, aura inscrit sur le bulletin des noms (2) autres que ceux qui lui étaient désignés.

(1) L'article 35 du décret du 2 février 1852 disait, « un nom » au lieu de « des noms ». Je rétablis la rédaction de l'article 102 de la loi du 15 mars 1849, à cause de l'élection par scrutin de liste des Sénateurs.

(2) Même observation que ci-dessus.

Art. 72. L'entrée dans l'assemblée avec armes apparentes sera punie d'une amende de 16 francs à 100 francs.

La peine sera d'un emprisonnement de quinze jours à trois mois et d'une amende de 50 francs à 300 francs, si les armes étaient cachées.

Art. 73. Quiconque aura promis, donné ou reçu des deniers, effets ou valeurs quelconques, sous la condition, soit de donner ou de procurer un suffrage, soit de s'abstenir de voter, sera puni d'un emprisonnement de trois mois à deux ans, et d'une amende de 500 francs à 5,000 francs.

Seront punis des mêmes peines ceux qui, sous les mêmes conditions, auront fait ou accepté l'offre ou la promesse d'emplois publics ou privés (1).

Si le coupable est fonctionnaire public, la peine sera du double.

(1) Après ces mots, l'article 106 de la loi du 15 mars 1849, contenait ceux-ci : « ou de tout autre avantage, soit collectif, soit individuel ». Le décret du 2 février 1852 les a supprimés; le rédacteur aura pensé, sans doute, que ces expressions étaient trop vagues et ouvraient la porte à trop d'interprétations.

Art. 74. Ceux qui, soit par voies de fait, violences ou menaces vis-à-vis d'un électeur, soit en lui faisant craindre de perdre son emploi, ou d'exposer à un dommage sa personne, sa famille ou sa fortune, l'auront déterminé à s'abstenir de voter, ou auront influencé (1) son vote, seront punis d'un emprisonnement d'un mois à un an et d'une amende de 100 francs à 1,000 francs.

La peine sera du double si le coupable est un fonctionnaire public.

(1) La loi du 15 mars 1849, article 106 disait : « déterminé *ou tenté de déterminer*, influencé *ou tenté d'influencer*. » Les mots soulignés ont disparu dans le décret de 1852 (Art. 39). Je serais d'avis de les rétablir. La tentative qui ne manque son effet que par des circonstances indépendantes de la volonté de son auteur (par exemple, la résistance de celui à qui

elle s'adresse), me paraît aussi punissable que le fait lui-même, surtout s'il s'agit d'un fonctionnaire public.

Art. 75. Ceux qui, à l'aide de fausses nouvelles, bruits calomnieux et autres manœuvres frauduleuses, auront surpris ou détourné (1) des suffrages, déterminé (2) un ou plusieurs électeurs à s'abstenir de voter, seront punis d'un emprisonnement d'un mois à un an, et d'une amende de 100 francs à 2,000 francs.

Art. 76. Lorsque, par attroupements, clameurs ou démonstrations menaçantes, on aura troublé les opérations d'un collége électoral, porté atteinte (2) à l'exercice du droit électoral ou à la liberté du vote, les coupables seront punis d'un emprisonnement de trois mois à deux ans, et d'une amende de 100 francs à 2,000 francs.

(1) L'article 107 de la loi du 15 mai 1849 ajoutait, après le mot « détourné,» ceux ci : *ou tenté de surprendre ou détourner*; et après le mot « déterminé » ceux-ci : *ou tenté de déterminer*.

L'article 40 du décret du 2 février 1852 les a supprimés.

N'y aurait-il pas lieu de les rétablir, d'après les motifs donnés sous l'article précédent.

(2) Même observation à propos des mots « ou tenté de porter atteinte» que contenait l'article 108 de la loi du 15 mars 1849 et que l'article 41 du décret de 1852 a supprimés.

Art. 77. Toute irruption dans un collége électoral, consommée ou tentée avec violence, en vue d'interdire ou d'empêcher un choix, sera punie d'un emprisonnement d'un an à cinq ans, et d'une amende de 1,000 francs à 5,000 francs.

Art. 78. Si les coupables étaient porteurs d'armes, ou si le scrutin a été violé, la peine sera la réclusion.

Art. 79. Elle sera des travaux forcés à perpétuité, si le crime a été commis par suite d'un plan concerté pour être exécuté, soit dans toute la République, soit dans un ou plusieurs départements, soit dans un ou plusieurs arrondissements.

Art. 80. Les membres d'un collége électoral qui, pendant la réunion, se seront rendus coupables d'outrages ou de violences, soit envers le bureau, soit envers un de ses membres, ou qui, par voies de fait ou menaces, auront retardé ou empêché les opérations électorales, seront punis d'un emprisonnement d'un mois à un an, et d'une amende de 100 francs à 2,000 francs.

Si le scrutin a été violé, l'amende sera de 1,000 francs à 5,000 francs, et l'emprisonnement d'un an à cinq ans.

Art. 81. L'enlèvement de l'urne contenant les suffrages émis et non encore dépouillés, sera puni d'un emprisonnement d'un an à cinq ans et d'une amende de 1,000 francs à 5,000 francs.

Si cet enlèvement a eu lieu en réunion et avec violence, la peine sera la réclusion.

Art. 82. La violation du scrutin faite soit par les membres du bureau, soit par les agents de l'autorité, préposés à la garde des bulletins non encore dépouillés, sera punie de la réclusion.

Art. 83. Les crimes prévus par la présente loi seront jugés par la Cour d'assises et les délits par les tribunaux correctionnels. L'article 463 du Code pénal pourra être appliqué.

Art. 84. En cas de conviction de plusieurs crimes ou délits prévus par la présente loi et commis antérieurement au premier acte de poursuite, la peine la plus forte sera seule appliquée.

Art. 85. L'action civile et l'action publique seront prescrites après trois mois, à partir du jour de la proclamation du résultat de l'élection.

Art. 86. La condamnation, s'il en est prononcé, ne pourra, en aucun cas, avoir pour effet d'annuler l'élection déclarée valide par les pouvoirs compétents, ou dûment définitive par l'absence de toute protestation régulière formée dans les délais voulus par les lois spéciales (1).

(1) Indépendamment des pénalités reproduites par le décret du 2 février 1852, la loi du 15 mars 1849, en édictait plusieurs autres ou contenait certaines dispositions que je crois devoir examiner brièvement.

A. L'article 115 était ainsi conçu : « Sera puni d'une amende de » vingt francs à trois cents francs tout président de collége ou de sec- » tion qui aura fermé le scrutin avant l'heure fixée par la loi. »

Je suis d'avis que cette disposition devrait être rétablie.

Les électeurs sont avertis, de par la loi elle même, que la fermeture du scrutin n'aura lieu qu'à telle heure déterminée; ils ont donc le droit d'y compter. La fermeture anticipée constitue une contravention qui doit être punie; et l'amende fixée par l'article 115 n'avait rien d'exagéré.

B. Art. 116. « Les condamnations encourues en vertu des articles » précédents (sauf l'article 115) emporteront l'interdiction d'élire ou » d'être élu. Cette interdiction sera prononcée par le même arrêt pour » un an au moins et cinq ans au plus. »

Comment cet article n'a-t-il pas été reproduit? C'est ce qu'il m'est impossible d'expliquer ou même de comprendre. Ce sont précisément les violations des lois électorales qui doivent, plus que toutes autres, être réprimées par la suspension ou la privation des droits d'élection et d'éligibilité. D'ailleurs, l'application de l'article 463 permettrait toujours aux juges d'apprécier s'il y a lieu de prononcer cette privation. C'est ce qu'avait parfaitement prévu le 2ᵉ alinéa de l'article 117 de la même loi de 1849, non reproduit par le décret de 1852; car on y lisait : « Lorsque, » en matière de délit, le jury aura reconnu l'existence de circonstances » atténuantes, la peine prononcée par la Cour ne s'élèvera jamais au- » dessus du minimum déterminé par la présente loi. *Dans le même cas,* » *la Cour pourra ne pas prononcer l'interdiction d'élire ou d'être élu.* »

Je crois donc qu'il y a lieu d'examiner si les dispositions des articles 116 et 117 2ᵉ § ne doivent pas être rétablies.

C. L'attribution à la Cour d'assises des *délits* électoraux que le décret de février 1852 a restituée aux tribunaux correctionnels, était une conséquence de l'article 83 de la Constitution de 1848 qui attribuait exclusivement au jury la connaissance de tous les délits politiques et de tous les délits commis par la voie de la presse. Cet article ayant été abrogé par le décret du 31 décembre 1851, le retour à la juridiction correctionnelle découlait de cette abrogation. Je laisse aux législateurs du jour le soin d'apprécier.

D. L'article 119 de la loi du 15 mars 1849 disait :

« Si le crime ou délit est imputé à un agent du Gouvernement, la » poursuite aura lieu sans autorisation préalable. »

Et l'article 120 :

« Si le fonctionnaire public est renvoyé de la plainte, la partie civile » pourra, suivant les circonstances, être condamnée à une amende de » cent francs à cinq mille francs et à des dommages-intérêts.

» Le jury statuera sur le point de savoir s'il y a lieu à amende ; il » prononcera de plus, à la simple majorité, sur le chiffre des dommages-» intérêts, dans tous les cas où il en aura été demandé soit par la partie » civile, soit par l'accusé.»

L'article 119 est devenu inutile depuis la suppression de l'article 75 de la Constitution de l'an 8.

Quant à l'article 120, la première partie me paraîtrait devoir être rétablie ; il est juste qu'une accusation aussi grave contre un fonctionnaire public et qui serait de nature, si elle était vérifiée, à compromettre sa carrière et son honneur, retombe de tout son poids sur l'accusateur téméraire.

Mais je crois que la seconde partie de l'article était contraire à la fois à la nature de l'institution du jury, simple appréciateur du fait, et aux droits de la Cour. Quand le jury a déclaré l'accusé « non coupable, » sa tâche est épuisée ; c'est aux juges du droit qu'il appartient de tirer les conséquences légales de sa décision ; et je n'aperçois aucune raison suffisante pour déroger aux principes généraux posés par les articles 358 et 359 du Code d'instruction criminelle.

E. L'article 123 de la loi de 1849 statuait que :

« Les électeurs du collége qui aura procédé à l'élection à l'occasion » de laquelle les crimes et délits auront été commis auront seuls qualité » pour porter plainte; toutefois leur défaut d'action ne portera aucun » préjudice à l'action publique. »

Cet article n'a pas été reproduit dans le décret de 1852. Pourquoi cette omission ? Il sauvegardait les droits des véritables intéressés, et réservait ceux de la société tout en empêchant des poursuites souvent abusives de la part de simples citoyens. Il me paraît donc devoir être rétabli.

F. Enfin l'article 4 de la loi du 31 mai 1850 statuait que :

« Toute fausse déclaration serait punie correctionnellement d'une » amende de cent francs à deux mille francs, d'un emprisonnement de » six mois à deux ans et de l'interdiction du droit d'élire ou d'être élu » pendant cinq ans au moins et dix ans au plus (sauf l'application, s'il y » avait lieu, des circonstances atténuantes).» Dans le cas où l'on reconnaîtrait l'utilité des déclarations de la part des parents, maîtres, logeurs et propriétaires, il y aurait également lieu d'en revenir à ces pénalités, sauf à les modifier d'après *l'échelle* adoptée par le Projet.

Paris. — Édouard Blot et Fils aîné, imprimeurs, rue Bleue, 7.

PARIS. — ÉDOUARD BLOT ET FILS AÎNÉ, IMPRIMEURS, 7, RUE BLEUE.